Statistics, Measures, and Quality Standards for Assessing Digital Reference Library Services: Guidelines and Procedures

数字参考咨询服务的质量评价

(美) C.R.麦克卢尔　R.D.兰克斯　M.格罗斯　B.查奥特克-德夫林◎著
卢海燕　王　磊◎译

北京图書館出版社

Statistics, Measures, and Quality Standards for Assessing Digital Reference Library Services: Guidelines and Procedures

By Charles R. McClure, R. David Lankes, Melissa Gross, and Beverly Choltco-Devlin

图书在版编目(CIP)数据

数字参考咨询服务的质量评价/(美)麦克卢尔(McClure, C. R.)等著;卢海燕,王磊译.—北京:北京图书馆出版社,2007.12

书名原文:Statistics, Measures, and Quality Standards for Assessing Digital Reference Library Services: Guidelines and Procedures

ISBN 978-7-5013-3546-6

Ⅰ.数… Ⅱ.①麦…②卢…③王… Ⅲ.数字技术—应用—图书馆工作—参考咨询—质量—评价 Ⅳ.G252.6-39

中国版本图书馆 CIP 数据核字(2007)第179026号

书名 数字参考咨询服务的质量评价
著者 (美)麦克卢尔(McClure, C. R.)等
译者 卢海燕 王磊

出版 北京图书馆出版社 (100034 北京西城区文津街7号)
发行 010-66139745 66175620 66126153
66174391(传真) 66126156(门市部)
E-mail cbs@nlc.gov.cn(投稿) btsfxb@nlc.gov.cn(邮购)
Website www.nlcpress.com
经销 新华书店
印刷 北京四季青印刷厂

开本 880×1230 毫米 1/32
印张 6.25
版次 2007年12月第1版 2007年12月第1次印刷
字数 120千字

书号 ISBN 978-7-5013-3546-6/G·728
定价 25.00元

中文版序

您手中的这本充满了公式和统计数字的读物，是图书馆虚拟参考咨询工作者对数字参考咨询服务质量以及质量评估重要性给予高度重视的写照。对这一问题的关注，开始于虚拟参考咨询台（Virtual Reference Desk）项目早期召开的一次会议中的讨论，后来发展成为一项由全球范围内的图书馆和图书馆组织参与的一个基金项目。这本书就是通过面谈、网站访问、文献回顾和与虚拟参考咨询工作者进行深入讨论而得到的结果。

出版这本手册的中文版，其意义在于，它标志着虚拟参考咨询服务国际化的特点越来越明显。中国、加拿大、澳大利亚、美国、英国以及更多的国家都广泛开展了虚拟参考咨询服务。尤为重要的是，与其他的跨国图书馆服务不同，虚拟参考咨询服务将图书馆员汇集在一起，在同样的业务环境下开展工作，进行直接的交流与互动。

这种直接的互动引发了对专业的参考咨询服务本质的各种挑战。参考咨询服务一度是一种与用户进行近距离交谈的艺术，但是现在它变得越来越透明、越来越可以被量化评价和越来越系统化了。借助于本书讨论的咨询记录的实用性、用户离开对话前的调查,以及大量的评价工具,参考咨询服务的培训和改进已经不再仅仅停留在参考咨询台本身。目前,在真实的参考咨询活动中,直接的互动和相互补充已经不时出现并改善着服务。

我们仍有大量工作有待完成。本书中所列举的评估方法只是限于可以进行实际操作的范围以内。哪一个或哪些评估得到了图书馆的重视或得到社会的支持依然没有确定。此外,这些评估对虚拟参考图书馆究竟能产生多大的影响,许多问题还有待进一步研究。几乎书中所列的所有评价方法都是通过对接收到的问题进行剖析的办法来进行相关操作的。但是像指示路径、政策制定或者各种其他不在咨询台的咨询活动(物理的或虚拟的)这类与问题无关的内容,我们又该如何进行评估呢?一个图书馆的参考咨询服务能够对其他图书馆的馆藏建设、编目、读者咨询一类的工作产生怎样的影响呢?在关于虚拟参考咨询服务的研究中,本书只是一个最新取得的阶段性成果,距我们的预期目标还有大量工作要做。

中国国家图书馆能够翻译这本书是我的荣誉。在虚拟参考咨询服务领域,中国是一个重要的角色,并在国际图书馆界占据相当的位置。中国的图书馆拥有全球数量最多的潜在用户和因特网上发展速度最快的语言,他们必须走向前台形成自己的虚拟参考咨询服务。我们不应该仅仅试着去确认这些评估方法或对这些评估方法的重要性进行排序,而是应当与各国同行分享这些信息,这将会提升各种类型图书馆参考咨询服务的能力。正如我们看到的那样,参考咨询服务作为图书馆的一项重要业务,它能够首先得知真实用户的真实需求,并且将其推广到图书馆的每一个系统和每一项服务当中。中国的参考咨询馆员一定会很好地驾驭这项业务，把握用户的需求。这样他们就能够首先在中国，然后在全世界范围内推广图书馆的服务。

R. David Lankes

2007年2月27日于美国纽约雪城大学

原版序

2000年，在华盛顿州西雅图召开的虚拟参考咨询台会议，许多发言者都谈到由于缺少针对数字参考咨询服务专门设计的统计方法和评价标准而造成在对数字参考咨询服务进行评价时很受局限的问题，他们质疑，在数字参考咨询服务的发展取得了令人瞩目的成绩的同时，数字参考咨询服务的评价工作却做得十分有限，传统评价方法究竟能够在多大程度上适用于数字参考咨询服务的评价。

本手册作者向与会人员宣称，开发数字参考咨询评价的方法、步骤、统计数据和标准是必要的。此外，本手册的作者还邀请与会者共同工作，以支持正在进行中的一个关于数字参考咨询服务评价的研究项目。该项目的研究旨在得到一个具有实践意义的数字参考咨询服务评价的指导方针和工作流程。

西雅图会议一结束，麦克卢尔和兰克斯就提出一个关于编制一部描述用于评价数字参考咨询服务的特定方法、统计数据和标准的手册的项目，即“数字参考咨询服务质量评价”。这个项目得到英美两国许多公共图书馆、高校图书馆和州立图书馆的支持，同时也得到众多图书馆协会和其他组织的支持(参见“致谢”部分)。关于该项目的最初建议和其他项目相关文件,可以在网址 http://quartz. syr. edu/quality/中找到。“数字参考咨询服务质量评价”项目于2001 年3 月启动,2002 年5 月结题。本手册即为该项目的初步成果。

“数字参考咨询服务质量评价”项目的研究过程首先是对已有关于数字参考咨询服务评价的文献进行回顾,继而研究项目小组对于从事数字参考咨询服务不同领域研究的不同类型图书馆的网站进行访问。通过网站访问确认的问题和可能的方法都被包含在评价研究过程中。

根据文献回顾、网站访问和作者对数字参考咨询评价问题的理解，以描述评价方法、统计数据和操作步骤为内容的手册草稿诞生了。手册草稿由项目咨询委员和其他专家评议，然后由项目小组进行修订，最后由诸多参加该项目研究的图书馆进行实地试验。试验结果进一步完善了手册中的内容。依据这些研究成果，我们重新起草、审定手册，这里呈现给读者的是手册的最终版本。项目进行过程中新发现的问题、典型案例以及重要的问题都已发布在网址 http://quartz. syr. edu/quality/ VRDSiteVisitsummary. pdf 上。

这里呈现的手册最终版本,代表了许多与“数字参考咨询服务质量评价”研究项目密切相关的个人的工作(参见“致谢”)。作者将手册视为业已开始的致力于开发评价和改进数字参考咨询服务的统计数据、评价方法和质量标准研究进程的第一步。我们也希望能有其他人以此为基础来继续和深化这一课题的研究。

Charles R. McClure

R. David Lankes

Melissa Gross

Beverly Choltco – Devlin

致谢

很多个人和组织机构在本手册的制定过程中都给予我们支持和帮助，我们向他们表示感谢：

首先要特别对给予“数字参考咨询质量评价”项目提供财力支持的下列组织致以谢意：

OCLC（OCLC Online Computer Library Center, Inc.）

数字图书馆联盟（The Digital Library Federation）

马里兰大学图书馆（University of Maryland Library）

参考咨询与用户服务协会（Reference and User Services Association）

英国利物浦约翰·摩尔大学〔Liverpool John Moores University（UK）〕

宾夕法尼亚图书馆集团办公室（Pennsylvania Office of Commonwealth Libraries）

佛罗里达州立大学图书馆（Florida State University Library）

波特兰姆特纳马赫县立图书馆〔Multnomah County Library（Portland）〕

国会图书馆（Library of Congress）

佛罗里达州立图书馆(State Library of Florida)

克里夫兰公共图书馆(Cleveland Public Library)

纽约州由提卡中约克图书馆系统〔Mid-York Library System (Utica NY)〕

英国布里斯托大学图书馆〔Bristol University Library (UK)〕

密歇根图书馆(The Library of Michigan)

雪城大学图书馆(Syracuse University Library)

正是他们的财力支持确保了“数字参考咨询质量评价”项目得以完成。而远远超出财力支持的还在于这些机构和图书馆的工作人员,他们为服务于项目咨询委员会、项目文献回顾和手册最终版本的实地试验等工作付出了时间和经验。没有他们的支持和帮助,本项目和这本手册都是无法完成的。

在完成本项目和手册过程中,我们也同时得到了佛罗里达州立大学信息研究学院信息使用管理和政策研究所的研究生助理的支持和帮助。Ruth Hodges, Antoinette Graham, Amgad Elgohary 为文献回顾、手册草稿和实地试验资料的复查工作付出了很多努力。

最后我们还要感谢在雪城大学信息研究所工作的 Anna Maria Lankes, Joanne Silverstein 和 Pauline Lynch Shostack 为“数字参考咨询质量评价”项目所作出的贡献。

Charles R. McClure

R. David Lankes

Melissa Gross

Beverly Choltco – Devlin

目　录

中文版序 …………………………………………………………（1）
原版序 ……………………………………………………………（1）
致谢 ………………………………………………………………（1）

导论 ………………………………………………………………（1）

背景 ……………………………………………………………（1）
数字参考咨询评价的必要性 …………………………………（5）
本手册的目的 …………………………………………………（6）
关于本手册的界定 ……………………………………………（7）
如何使用本手册 ………………………………………………（9）
鼓励评价文化 …………………………………………………（12）
“战胜它！” ……………………………………………………（14）

第一章　统计指标与评估方法 ……………………………（16）

第一节　接收数字参考咨询问题的数量 ………………………（16）
第二节　响应数字参考咨询问题的数量 ………………………（19）
第三节　回答数字参考咨询问题的数量 ………………………（22）
第四节　数字方式接收、但不完全通过数字手段回答或响应的问题的数量 ……………………………………………（26）
第五节　全部参考咨询活动——接收问题的数量 ……………（29）
第六节　数字参考咨询问题占全部参考咨询问题的百分比 ……………………………………………………………（32）

第七节　数字参考咨询正确回答率 …………………… (35)
第八节　完成数字参考咨询的时间 …………………… (38)
第九节　未解答的数字参考咨询问题的数量 …………… (41)
第十节　接收数字参考咨询问题的类型 ………………… (43)
第十一节　转交问题数量 ………………………………… (48)
第十二节　饱和率 ………………………………………… (50)
第十三节　每个咨询问题所使用的资源 ………………… (52)
第十四节　重复用户(回头率) …………………………… (54)

第二章　日志和报告分析 ……………………………………… (56)

第一节　数字参考咨询的登录对话数量 ………………… (57)
第二节　一周内每日数字参考咨询使用量 ……………… (59)
第三节　一日内每小时数字参考咨询使用量 …………… (61)
第四节　用户使用的浏览器 ……………………………… (62)
第五节　用户使用的平台 ………………………………… (64)

第三章　用户满意度评估 ……………………………………… (66)

第一节　服务的公知度 …………………………………… (66)
第二节　服务的无障碍性 ………………………………… (68)
第三节　服务预期 ………………………………………… (70)
第四节　用户已尝试过的其他资源 ……………………… (76)
第五节　使用的原因 ……………………………………… (79)
第六节　不使用的原因 …………………………………… (81)
第七节　需要改进的地方和需要提供的附加服务 ……… (83)
第八节　对咨询馆员服务的满意度 ……………………… (85)
第九节　对传输模式的满意度 …………………………… (89)
第十节　服务对用户的影响 ……………………………… (90)
第十一节　用户人口统计学数据 ………………………… (93)

第四章　费用 ……………………………………………… (96)

第一节　数字参考咨询服务费用 ………………………… (96)

第二节　数字参考咨询服务费用占全部参考咨询服务预算的百分比 ……………………………………………… (98)

第三节　数字参考咨询服务费用占图书馆或机构全部预算的百分比 ……………………………………………… (99)

第五章　参考咨询馆员花费的时间 ………………………… (102)

第一节　参考咨询馆员用于技术支持的时间所占的百分比 ……………………………………………………… (102)

第二节　参考咨询馆员用于为用户提供技术帮助的时间所占的百分比 ………………………………………… (105)

第六章　其他评价方法 …………………………………… (108)

第一节　同行评议 ……………………………………… (108)

第二节　深度参考咨询记录 …………………………… (108)

第三节　图书馆员讨论组 ……………………………… (109)

第七章　质量标准 ………………………………………… (110)

第一节　开发质量标准 ………………………………… (110)

第二节　定义和重要性 ………………………………… (110)

第三节　质量标准实例 ………………………………… (111)

第四节　确定“适当的”标准 ………………………… (113)

术语表 ……………………………………………………… (115)

附录Ⅰ　表单、报告、日志、工作单及调查工具样例 ……… (121)

附录Ⅱ　其他统计指标和评价标准 ……………………（167）
初始数字信息接收量 ……………………………………（168）
对问题进行主题分析、分类和列表 ……………………（168）
登录对话时间长度——实时聊天、音视频互动对话……（169）
回答问题的时间——实时聊天、音视频互动对话 ………（169）
回答问题的时间长度——异步响应：电子邮件/提交网络表单 ……………………………………………（170）
适当的转发 ………………………………………………（170）
通过网站提交的参考咨询问题数量与用户登录图书馆网站的数量之比 ……………………………………（171）
链接分析 …………………………………………………（171）
用户的准确感 ……………………………………………（172）
用户的完全服务感 ………………………………………（172）
启动费与运行费 …………………………………………（173）
参考文献 …………………………………………………（174）
著者简历 …………………………………………………（179）
译后记 ……………………………………………………（180）

导论

背景

当今图书馆发展最快、最具创新性的服务是数字参考咨询服务。该服务是指用户在网络环境中，通过查询专业知识网络和资源寻求答案的服务。当咨询问题的获得和解答都是通过电子方式进行时，数字参考咨询的业务就产生了①。在过去的几年里，数字参考咨询服务的发展和应用已经得到了广泛的重视，但是对数字参考咨询服务评价所给予的关注却微乎其微。

目前许多图书馆都在提供数字参考咨询服务，他们或者将其作为常规参考咨询服务的组成部分，或者将其视为独立的一项服务工作，或者将其作为图书馆联盟协作服务的一项内容。其他一些图书馆则正在考虑或将要启动这项服务。此外，在商业、教育及

---

① Bertot, John Carlo, Charles R. McClure, and Joe Ryan. Statistics and Performance Measures for Public Library Networked Services. Chicago; London: American Library Association. 2001.

非营利领域，日益增长的大量的数字参考咨询服务也得到了发展，如"AskA"服务。这些领域的数字参考咨询服务与任何专业图书馆都没有直接的隶属关系，例如AskJeeves，Internet Public Library，AskERIC等。无论是图书馆还是非图书馆的数字参考咨询服务，都是通过电子手段向用户提供信息服务。人们认识到，数字参考咨询服务作为提高图书馆读者访问量的一种新举措，就其服务方式而言，并不依赖读者的到馆访问。

实际上，人们已经越来越方便地使用和依赖数字化服务，并将其视为生活方式的一部分。如许多人通过在线方式购物、存款和结算。他们在个人生活和商务活动中，通过使用电子邮件、在线聊天、短信服务或是视频会议等实时服务与他人进行联系。人们也开始期盼图书馆提供某种形式的数字化服务。这些服务包括在线访问馆藏目录、在线提交请求、获取电子资源等，当然也包括某种类型的数字参考咨询服务——这正是本手册关注的重点。

数字参考咨询服务可以采用多种形式，并以各种各样的方式得到发展。在很多情况下，不同类型图书馆提供的数字参考咨询服务是自然产生的，并且没有脱离传统参考咨询服务而存在。在这种情况下，参考咨询馆员回答的问题既有通过传统方式（即通过参考咨询台面对面或是通过电话接收问题），也有通过数字方式（如通过电子邮件或在线聊天）接收的。他们也常常同时通过传统或数字方式回答问题。在这种情况下，即使是单独一件咨询业务，在沟通和响应（包括回答咨询）方式上也是传统方式与数字方式结合进行。在这样的咨询业务中，参考咨询馆员不会被特别地设定为传统咨询馆员，或是数字参考咨询馆员。

在另一种情况下,图书馆将数字参考咨询服务作为一种独立进行的读者服务形式。这种情况下,数字参考咨询服务被设计成具有不同于传统参考咨询服务的功能。经常是某位图书馆员被指派从事数字参考咨询服务,或者是单独安排人力提供严格意义上的数字参考咨询服务。在许多情况下,数字参考咨询服务被作为独立的一项图书馆服务而广为宣传和推广。从获取服务的角度看,数字参考咨询服务与图书馆的物理设施之间并无关联,甚至从提供服务的角度看也是如此。

访问数字参考咨询服务的接入点可以包括图书馆网站内一个单独的数字参考咨询服务页面、一个独立的电子邮件地址、网上聊天、交互式视频、IP 语音会议(也可以通过图书馆数字参考咨询网站访问)。不仅如此,在物理形式的图书馆不开放的时段里,数字参考咨询通常情况下仍能为读者提供服务,并且这些服务不受读者居所的限制。图书馆发展独立的数字参考咨询服务的一个主要原因就是为了更好地满足读者的需求,而传统参考咨询服务方式的服务能力是不能与之相适应的。

最后一种情况,许多数字参考咨询服务与任何类型的图书馆都没有关系。这些类型的数字参考咨询服务常常被称为"Ask A"服务。Ask ERIC (http://www.askeric.org) 和 Internet Public Library (http://www.ipl.org/ref/QUE/) 是这类服务的出色例证。这类服务没有读者可以前往的物理场所。所有服务业务都通过数字方式管理。提供数字参考咨询服务是这类服务和工作人员的唯一目的。

上述任何一种情况都是在不同程度上提供的数字参考咨询服

务。在许多参考咨询业务中,用户和参考咨询馆员之间同时通过数字和传统方式进行交流,而且传统方式可能还会更多些。然而,基于这本手册的研究目的,数字参考咨询业务被定义为:往来于读者和参考咨询馆员之间的一切信息沟通均是通过电子方式或数字方式完成的业务。因此,只有在全部的咨询业务是以数字方式进行的情况下,数字参考咨询服务才被视为成立。咨询问题一定是通过数字方式获得,而且对所有的咨询问题响应(包括回答咨询)也一定是通过数字方式发送的。

如果一个咨询问题以数字式方式接收,而回答问题是以传统方式或者以传统和数字手段相结合的方式进行,这类问题将在第一章第四节“数字方式接收、但不完全通过数字手段回答或响应的问题的数量”中加以讨论。

本书作者认为传统和数字手段相结合的“混合型参考咨询”在某种意义上说并不属于数字参考咨询服务。但是,关于由什么组成数字参考咨询提问和数字参考咨询的回答的定义是不能仅仅根据作者的某种观点来解释的。更为恰当的做法是将数字参考咨询作为一种方法来看待,这个方法在评估什么是一个比较新的和快速增长的业务的过程中,提供了一定程度的可操作性和一致性。而且数字参考咨询是一项没有先例的服务,它还没有明确的、被一致认同的定义。

这只不过是在对数字参考咨询服务进行描述、统计、评价和比较中,难以对某一名词或概念进行定义的一个例子。类似在定义方面存在的问题,在本手册有关其他统计数据和办法的讨论中还会遇到。尽管如此,我们在这里提供的定义和流程还是可以作为一个起点，图书馆员和其他人员可以在此基础上评价数字参考咨询服务。

数字参考咨询评价的必要性

在最近的研究中，Joseph Janes① 发现，只有 9% 的调查对象在被问及数字参考咨询服务时指出，通过某种方式进行的用户评价是被作为提供服务的一部分完成的。如果数字参考咨询要想得到改进，要能够更好地满足读者的需求，并逐渐发展为有成效的高质量的服务，开展数字参考咨询评价是必不可少的一项工作。

数字参考咨询评价包括：

(1)确定数字参考咨询服务目标的完成程度。

(2)如何评价数字参考咨询服务对实现大型图书馆或机构的总体目标的贡献和支持程度。

(3)监测跟踪数字参考咨询服务和运行状况，以改进和修正数字参考咨询服务。

(4)随着服务时间的推移，形成描述服务效果、用户，以及数字参考咨询服务使用情况的趋势数据。

(5)确定通过数字参考咨询服务，读者信息需求得到满意的程度。

---

① Janes, Joseph. "Digital reference: Reference librarians' experiences and attitudes". Journal of the American Society for Information Science and Technology 53(7), 549 – 566. May 2002.

(6)确定数字参考咨询服务的费用和效益,论证数字参考咨询服务的总体责任目标。

(7)比较数字参考咨询服务与传统参考咨询服务的费用和效益。

(8)为数字参考咨询服务的计划实施和未来发展提供可资依据的统计数字。

(9)确定参考咨询馆员培训的类型,并给予必要的支持。

(10)将数字参考咨询服务的形式和成绩向管理委员会和其他组织机构的管理人员通报。

(11)确定数字参考咨询服务需要调整和改进的方面。

(12)鼓励数字参考咨询馆员对数字参考咨询服务产生的结果、成效和影响进行思考。

总之,如果没有正在进行的数字参考咨询服务评价与评估项目,这项新的服务获得“成功”的程度将无从知晓。

本手册的目的

本手册是开始确认、描述和研究评价数字参考咨询服务标准流程的初步努力。其全部目的是改善数字参考咨询服务质量,帮助图书馆员设计、开展良好的参考咨询服务。具体地说,其目的在于:

(1)帮助图书馆员和其他人理解正在进行中的数字参考咨询服务评价项目;

(2)为开展数字参考咨询服务的评价,提供一套可用于实际

操作的准则和操作流程;

(3)研究出可以在不同图书馆间进行比较的标准化流程,并给出相关的统计指标和评价方法的定义。

最重要的是我们希望这个手册会帮助图书馆员更好地设计和开展数字参考服务,以更好地满足用户需求。

由于数字参考服务的发展,本手册内容的变化和修订也是必需的。我们特别盼望,在不远的将来,软件开发会取得重大的进展,即软件的开发能够自动地帮助图书馆员收集、管理和分析描述数字参考咨询服务的数据。所以,我们自知本手册是开发评价数字参考咨询服务的方法、统计数据和实施办法方面的初步尝试。作为初步的努力,我们希望,随着数字参考咨询服务的不断扩大和发展,能有人充分借鉴这一工作,并将其继续扩充和发展,使之更具实践意义。

关于本手册的界定

本手册不是一个有关数字参考咨询服务参考文献的综述。类似的综述有很多,其中之一就是由本手册作者集体完成的《数字参考咨询服务质量评价:数字参考咨询服务重要文献概览》①,并已提供网上阅览:http://quartz. syr. edu/quality/VRDphaseII

① Gross, McClure, and Lankes. Assessing Quality in Digital Reference Services: Overview of Key Literature on Digital Reference, 2001

LitReviw. pdf。其他关于数字参考咨询服务的书目文献可以参见 http://quartz. syr. edu/quality/Reports. htm 和 http://www. lis. uiuc. edu/ ~b-sloan/digiiref. html 网页。

这本手册既不是建立数字参考咨询服务的实践指南,也不是关于数字参考咨询服务和运行中存在问题的讨论。计划或启动数字参考咨询服务本身是一项有意义的事情。本手册假定图书馆已经开展了数字参考咨询服务。关于开展数字参考咨询服务这方面的情况,Lankes,McClure, Gross 和 Pomerantzy 已撰写《启动数字参考咨询服务:确立标准并使之成为可能》①一书。其他有用的参考资料可以参阅上述讨论的文献综述。

最后需要指出的是,本手册也不是一个有关研究方法的著作。手册假定其使用者具有关于研究方法、统计学、数据采集技术等方面的基本知识。某些特别有用的关于研究和数据收集方面的书可以参见以下三种著作:

- Kruegar, Richard A. and Mary Anne Casey. Focus Groups: A Practical Guide to Applied Research. Thousand Oaks, CA: Sage Publications, 2000.
- Babbie, Earl. The Practice of Social Research. 9th edition. Belmont CA: Wadsworth Publishing. 2001.
- Rossi, Peter, Howard E. Freeman, and Mark W. Lipsey. 1999. Evaluation: A Systematic Approach. 6th edition. Thousand

---

① Lankes, McClure, Gross, and Pomerantz. Implementing Digital Reference Services: Setting Standards and Making it Real, 2002

Oaks, CA: Sage Publications. 1999.

无疑,还有更多的其他参考文献。不过对本手册的使用者而言,他们还需具备有关研究方法、数据收集、数据分析技术等方面的背景知识,上述几种著作能够为他们提供一个非常好的起点。

如何使用本手册

本手册的作者在手册的各章节中,推荐了多种不同的评价方法、统计指标和实施办法。为便于使用,每一统计指标和实施办法都大致分为以下几个部分进行描述:

定义

基本原理

数据收集流程

问题与思考

考虑到不同类型的图书馆使用本手册的具体环境因素,我们介绍了许多有关数字参考咨询服务评价的统计指标与实施办法,以及基本原理、问题与思考等详细内容。由于不可能将所有具体情况都包括进来,故作者提供的只是一般性描述,并且希望这个讨论将会对那些已开始对数字参考咨询服务进行统计和评价的图书馆有所帮助。

包括数据收集方法的这些流程,长期以来被用来评价图书馆与信息科学领域的服务,同时也用于评价社会科学领域的服务。这些程序包括:统计数据的计算和列表,手工业务记录的保存和分析,取样,问卷调查,面谈,以及特定对象小组调查。

本手册体现了对以电子方式产生的工作日志或报告的利用，这些工作日志或报告是由 Web trends，Web tracker 以及类似的数字参考咨询软件提供商提供的。关于这些报告或日志的例子，以及与现行软件提供商的关系，本手册也作了介绍。最后，本手册还介绍了其他评估方法，如同行评议，深度参考咨询记录，图书馆员讨论组（参看第六章“其他评价方法”）等。

纵观“数字参考咨询质量评价”项目，作者十分清楚，在许多情况下，数字参考咨询服务是自然而然地发生的。服务伊始，几乎没有做过正式规划或者收集潜在用户信息一类的工作。作者希望本手册会有助于那些正要启动或处在提供某种类型数字参考咨询服务最初计划阶段的机构，以及那些已经提供数字参考咨询服务的机构。在启动数字参考咨询服务之前，认真思考评价过程和用于评价的数据，对于改进评价效果是非常重要的。

对于以不同形式提供的数字参考咨询服务（如电子邮件、聊天对话、短信、语音服务、视频互动，以及专门的参考咨询软件等）所采用的评价方法是不同的。例如，基于电子邮件形式的数字参考咨询服务与基于聊天的数字参考咨询服务，在评价方法上就有很大差异。

因此，我们在这里介绍的统计指标和评价方法都较为综合而不是侧重细节，它们可分别用于不同的场合，或者结合起来进行综合应用。这部手册不为每一个已在使用的服务形式提供具体的个性化评估方法。考虑到不同数字参考咨询服务的运用，在“数据收集流程”、“问题与思考”内容部分，本手册只给出一般性的指导。

提供数字参考咨询服务的图书馆或机构从本手册中不会找到适合于其图书馆机构特点的所有统计数据和评估办法。所以，本书用户应该选择那些对自己的具体情况而言最有意义或最相关的评价方法。根据图书馆的不同情况和数字参考咨询服务开展形式，某些评价办法可能比其他的办法更容易操作或更具相关性，而对于某些图书馆而言，则不可能采集到某一特殊评价办法所需要的数据。简而言之，最好将本手册看成一个包含有统计指标和评估办法的"菜单"，使用者可从中选择那些与其情况相适应的、最具相关性和最重要的统计指标和评估办法。

本手册的使用者也要认识到，手册中有一些统计指标是对已有传统参考咨询统计指标的修改。对"接收的数字参考咨询问题的数量"的统计依靠的是传统的方法。而另外一些传统的统计指标，如"人均咨询量"，则不能在数字环境下使用，除非图书馆员精确地知道接受数字参考咨询服务的人数。因此，手册中介绍的统计指标和评估方法是将传统方法与适用于数字环境的新方法相结合而成。

最后，在使用本手册中应该注意的是，有意义的评价只需要使用我们这里提供的少量的统计指标就可以操作。不要试图立刻开始进行评价，也不要急于启动本手册第三章"用户满意度评估"所列的统计指标和评价办法。选择特定的统计指标和评价办法(也许不超过本手册第一章第三到五节的内容)对于进行初次评价的尝试是特别重要的，根据第一次评估的结果以及经验的丰富和专门知识的增长，再适当地扩大收集其他数据。

鼓励评价文化

通过网站访问和实际测试我们发现,目前许多图书馆正在进行的评价工作是不规范的。

莱克斯(Lakos)将“评价文化”(culture of assessment)定义为一种必须要发生的态度上或者制度上的转变,这种变化的目的是要为图书馆员创造一种工作环境,在此环境下,决策是基于事实、研究和分析而做出的,并且服务的规划和实施都是以最大限度地为图书馆用户带来正面效果和影响为目的的。

对某些希望开始参考咨询评价工作的图书馆来说,可能需要必要的准备和计划。

根据作者的经验,某些基本条件的限制有可能会影响到数字参考服务评价的顺利进行。这些限定因素包括:

(1)行政支持。高级行政部门和数字参考咨询服务的管理人员有责任对评价工作进行指导,并且愿意投入各种资源以保证成功完成评价工作,同时还会利用评价工作的成果改进服务,这一点是尤为重要的。

(2)评价服务的复杂性。对于初次评估人员来说,本手册作者推荐其对数字参考咨询服务的某些具体方面进行评价,如数字参考咨询服务用户的人口统计学,而不是对构成数字参考咨询服务的各个方面的全部内容进行评价。

(3)咨询人员的技能与知识。在研究方法、数据收集成果的揭示、数据统计分析,以及通过表格、图形和生动活泼、可视性强的图像来报告所发现的内容等方面，参加评估的工作人员都应具备基本技能和知识。工作人员在进行评估工作之前，有必要在这些领域进行培训。

(4)组织评估人员。组织起图书馆员开展评估工作。需要指派一名领导者，他(或与团队一道)决定怎样开展评估工作，确定评估计划，安排任务分工，决定收集、分析和报告统计指标与评价方法的类型等事项。

(5)系统或信息技术人员的参与。要成功启动评估方法(如咨询日志服务器分析、在线咨询业务日志概要等等)，图书馆信息技术人员的直接参与是非常重要的。他们应当是评估小组的成员，或是积极参与评估工作。

(6)需要组织和管理数据。一旦数据被收集起来，就需要对数据进行组织和管理，并且要长期使用。有必要对特定用户群体或行政管理人员进行定时报告。应该开发用来储存和管理数据的数据库和管理信息系统，以保证在未来可以顺利使用这些数据。

如果图书馆尚不具备这些条件的话，那么要对数字参考咨询服务进行评价将会十分困难。此外，评价文化还意味着图书馆员相信评估工作能够改进服务。基于事实的统计数据是评估服务的重要工具。实际上，决策和变化就是源于这些评估工作。

为了确定对图书馆和图书馆员来说，上述各项基本条件所能达到的程度，参与数字参考咨询服务评价的图书馆员应先进行一次非正式的评估。在正式开始评估之前，花费一些时间来确认当前条件是否满足评估的需要是十分必要的。聘用顾问对图书馆员进行数字参考咨询服务评估的准备工作给予协助，或者对评估本身给予支持也是必需的。评估工作的成功与否,取决于一个机构为评估工作所做的前期准备是否充分,也取决于对本手册中提供的统计指标和评估办法的使用是否得当。

"战胜它!"

数字参考咨询服务将会继续壮大和发展是一个不争的事实。在很大程度上,图书馆界对于数字参考咨询服务的费用、效益、用户、使用及其影响的认识和理解是有限的。在网络和远程用户环境下,如果图书馆要想对如何提供最好的服务有更深入的认识,开展评价是十分重要的。进行数字参考咨询服务的评估是提供优质服务的保障。因为在数字环境下提供服务并不能降低图书馆员对服务评价的责任。

在很大程度上,如果对服务的成效和用户情况不进行效益核算和评价,对数字服务利用以及用户而言,图书馆远远没有充分体现出其应有的服务能力。随着越来越多的用户依赖于数字图书馆服务(包括数字参考咨询服务),这个问题会越来越突出,人们对图书馆提供数字服务能力的误解也会延续。因此,能够持续地对数字参考咨询服务加以评估,并把这一工作纳入到整个图书馆服务组成部分当中,这一点是十分必要的。

如果图书馆员希望能够在网络环境中得到更有前途的发展,数字参考咨询服务和数字参考咨询服务评价为他们展现了一个新的充满挑战的领域。当问及图书馆员怎样能够应对日新月异的变化和数字参考咨询服务带来的压力时，正如麦克卢尔在最近谈话中①指出的："战胜它！"数字参考咨询服务在继续，图书馆界有必要学会如何高质量地、有广泛影响力地提供数字参考咨询服务，同时还应该确定这些服务满足了用户的需求。本手册概括地提出了评价流程，应该能够为达到这一目的初步提供了一个重要工具。

---

① Pierce, Jennifer Burch. "Digital Discomfort? 'Get Over It,' Says McClure". American Libraries 33(5), 45. May 2002.

第一章 统计指标与评估方法

第一节 接收数字参考咨询问题的数量

定义:接收数字参考咨询问题的总数。数字参考咨询问题是通过电子方式(如通过电子邮件、网络表单、数字视频交互、数字音频交互、在线聊天,或者是包括前述任何一种方法在内的数字参考咨询软件等)接收的问题。

它代表了个性化特征的信息需求。数字参考咨询问题的响应和回答一定是通过数字手段完成的。对于通过数字方式获得,而响应和答复使用的却是非数字方式的问题,不在计数之内。这类问题将在"数字式接收、但不完全通过数字手段回答或响应的问题的数量"章节中阐述。通过电话、语音信箱、面对面接触、传真及常规信件方式提出的咨询问题也不在本章阐述范围之内。如果通过一种数字方式获得一个以上问题,即如果是一个电子邮件或一次网上对话包含了三个问题,那么每一个问题都将作为单独的问题进行计数。而咨询传送本身将不会作为额外的问题统计在内。

基本原理:该统计指标对于确定数字参考咨询服务规模是非常重要的。根据这一办法得到的数字,可以与数字方式响应和回答的问题数量相比较,以确定数字参考咨询的工作量。还可以将统计数字与某一图书馆、某一组织通过传统参考咨询服务和数字参考咨询服务两种方式收到的参考咨询问题总量相比较,这样会有助于参考咨询馆员的合理配备。通过统计数字,还可以在某一个图书馆或数字参考咨询服务(如聊天和电子邮件)提供的不同类型数字参考咨询服务之间进行比较。这个统计有助于帮助我们在推广服务方面做出判断。

数据收集方式:连续收集或取样收集。

收集者:咨询馆员。利用手工或电子方式生成日志或报告,或者根据具体情况通过二者相结合生成。

统计频率:每天都要记录日志。每两周收集一次数据并制成表格,除非有更高统计频率的要求,一般每年做一次统计报告。

步骤:根据接收数字参考咨询问题数量的定义指导咨询馆员。通知咨询馆员他们应该考虑的事情。

连续收集:保留每日收到的数字参考咨询问题数量记录,每两周收集一次并将其制成表格,通常要按年度制作统计报告。

取样:选择具有代表性的两周时间作为取样时段。如果是手工日志,以每日为单位,保存接到的每一个数字咨询的记录,或者是依据电子日志,计算出两周时间内接收到的咨询问题的数量。手工分析产生于电子邮件、实时聊天的电子日志。对在咨询传送过程中可能产生多余的数字咨询问题需要做出解释。一旦得到两周时段的数据列表,就可以以这一阶段数据为基础对全年情况做出预测。在全年的不同月份,以两周为统计时段收集数据,并对数字参考咨询服务的峰值和低值情况做出解释和分析。

这种统计只是对那些通过数字方式接收,并且也是通过数字方式响应和回答的问题进行统计,后文中“响应数字参考咨询问题的数量”和“回答数字参考咨询问题的数量”部分的统计原则与此是一致的。

不要计算通过数字方式接收但却以非数字方式回答的咨询。这类问题都包含在“数字式接收、但不完全通过数字手段回答或响应的问题的数量”的章节内容中。

这项统计应该与以下几个指标联合起来一并使用:

- 响应数字参考咨询的数量
- 回答数字参考咨询问题数量
- 数字式接收、但不完全通过数字手段回答或响应的问题的数量
- 全部参考咨询活动——接收问题的数量
- 数字参考咨询问题占全部参考咨询问题的百分比

有用的工具——参见附录 I 中的下列内容:

H. 数字参考咨询业务记录样例

I. 数字参考咨询业务日志——电子邮件

J. 数字参考咨询业务日志——实时咨询

K. 全部参考咨询活动日志——以每日或两周为周期

M. 数字参考咨询数据收集工作单——编辑

问题与思考:依据问题的数量和规模对每日接收到的参考咨

询问题数量作精确和详细的记录是很耗费时间的。许多图书馆保留了接收问题的手工记录单。这些问题既有通过传统方式接收的，也有通过数字方式接收的，而另外一些机构则保留某一主要时间段（例如在全年不同时间，典型的一周或两周时段）的咨询日志样例，并估算出全年咨询总量。有些图书馆使用数字参考咨询跟踪软件，而另外一些图书馆则是手工和电子记录日志并行。对于那些通过电子邮件和聊天软件提供数字参考咨询服务的图书馆，在辨别一个登录时段内所收到的不同的数字参考咨询问题数量时，要给予特别的注意和培训。将不同来源接收的咨询问题数量汇总（特别是在一个图书馆同时提供数字和传统参考咨询服务的情况下），可能要求几个参考咨询馆员的共同合作，采取一致的统计方法，避免出现统计的重复或遗漏。同时需要考虑的是，当作取样采集时，需要对预期中的峰值和低值阶段的咨询情况给予说明。例如大学图书馆的夏季和期末阶段，以及节假日和公共图书馆的夏季。

第二节　响应数字参考咨询问题的数量

定义：“响应数字参考咨询问题的数量”是指，为了处理第一节“接收数字参考咨询问题的数量”中定义的数字参考咨询问题，图书馆员与用户通过数字方式进行联系的数量。不包括由用户发起的通过数字式方式联系的情况。数字方式响应是指从图书馆员到用户的通过数字式方式传输的所有沟通。这些数字方式的联系可以通过电子邮件、网页表单、交互视听、在线聊天或参考咨询软件产生。如果发送给用户的信息超过一个以上,或是为响应用户提出的数字参考咨询问题发生一次以上在线聊天或实时视听的过程,每一次都被计为独立的回答。这个统计不包括在一个在线聊天的时段里的往返交流的个人信息。每一组在线聊天的问答都计为一次响应,可能对于一个数字参考咨询问题会有多次的响应。需要注意的是,对数字参考咨询的响应并不等于是对数字参考咨询的回答,也就是说对用户的响应可以包括也可以不包括对问题的回答。数字参考咨询的响应可以是向用户了解更多信息的请求,也可能是一条回答用户提出的是否已通过数字方式发出答案的信息。响应数字参考咨询问题的数量不包括对用户通过电话、语音信箱、面对面交流、传真或常规邮寄方式的响应。

基本原理:这项基础性的统计表明,在试图回答"接收数字参考咨询问题的数量"中定义的数字参考咨询问题的过程中,有多少次响应已发出。这个统计指标可以用来分析以下三个问题:技术上可能出现的问题(有效的办法);数字参考咨询问题接谈过程中的有效性;在回答问题中所花费努力的程度(高效的办法)。

数据收集方式:连续收集或取样收集。

收集者:咨询馆员。利用手工或电子方式生成日志或报告,或者根据具体情况通过二者相结合生成。

统计频率:每天都要记录日志。每两周收集一次数据并制成表格,除非有更高统计频率的要求,一般每年做一次统计报告。

步骤:根据响应数字参考咨询问题的数量的定义指导咨询馆员。通知咨询馆员他们应该考虑的事情。

连续收集:保留每日收到的数字参考咨询问题数量记录,每两周收集一次并将其制成表格,通常要按年度制作统计报告。

取样:选择具有代表性的两周时间作为取样时段。如果是手工日志,以每日为单位,保存接到的每一个数字参考咨询问题的响应数量;如果使用的是电子方式生成的日志,要计算出在过去两周内,对每一个接收到的数字参考咨询问题的响应数量。有时为了确定对某一问题的响应的数量,还需要对电子日志(产生于电子邮件、在线聊天等)作手工分析。一旦得到两周时段的数据列表,就可以以这一阶段数据为基础对全年情况做出预测。在全年的不同月份,以两周为统计时段收集数据,并对数字参考咨询服务的峰值和低值情况做出解释和分析。

这项统计应该与以下几个指标联合起来一并使用:

- 接收数字参考咨询问题的数量
- 回答数字参考咨询问题的数量
- 数字式接收、但不完全通过数字手段回答或响应的问题的数量
- 全部参考咨询活动——接收问题的数量
- 数字参考咨询问题占全部参考咨询问题的百分比

有用的工具——参见附录 I 中的下列内容:

H. 数字参考咨询业务记录样例

I. 数字参考咨询业务日志——电子邮件

J. 数字参考咨询业务日志——实时咨询

K. 全部参考咨询业务日志——以每日或两周为周期

M. 数字参考咨询数据收集工作单——编辑

问题与思考:依据问题数量和规模对每日响应数字参考咨询问题的数量作精确和详细的记录是很耗费时间的。对这类统计数据进行记录需提出的要求是,在对每一个问题回答完毕后,参考咨询馆员要对以下情况做出记录:对每一个问题的响应或回答是否是按照上述定义完全通过电子手段完成的,或者对于问题的响应或回答是否是通过传统方式或通过传统与数字方式两种手段结合提供的。另外需要考虑的问题是,是否对同一个咨询问题有一个以上的参考咨询馆员进行回答。另外,一些图书馆只保留了接收问题的记录,而对问题的回答或响应没有记录(不论是以传统方式还是数字方式),因为以往没有要他们做这些统计。这个对响应数字参考咨询问题的数量进行跟踪的新的工作程序,也需要额外费时间进行培训,以使收集者能充分理解这一指标的意义。

第三节　回答数字参考咨询问题的数量

定义:回答数字参考咨询问题是为用户提供正在查询的数字参考咨询问题的信息。在本手册中,我们认为,对一个数字参考咨询问题(在"接收数字参考咨询问题的数量"中已经下过定义)所做的多次电子式响应的总和,就是一个数字参考咨询问题解答。它至少要包含下列情况之一:

a)与用户沟通并对用户提出的参考咨询问题做出有针对性的解答(即与问题主题相关联的实际内容);

b)对资源的指向可以帮助用户自己找到答案(正如在数字参

考咨询服务中经常发生的那样)；

c)将咨询问题转发给其他服务点。转发对象正如我们在“分派问题的总数”中所定义的,可以在机构内部或外部。

没有提供直接满足用户需求的内容的响应,没有为用户提供资源指向以帮助用户自己找到答案的响应,没有转发的响应,均不能计算为一个数字参考咨询问题的解答。

咨询馆员向用户询问信息而形成的一系列响应,却没有得到用户的响应(用户消失),或者虽然是一系列的响应,其结果是用户没有收到他们所需要的信息,这样的情况也不能计算为数字参考咨询问题解答。

提供给用户的回答是数字式的,但之前又以非数字方式进行了响应,不计为一个数字参考咨询问题的解答。例如接收问题是数字方式的,对问题的解答是数字方式,但是参考咨询馆员可能通过电话向用户询问很多信息。在此我们再度重申:任何被视为数字式的数字参考咨询业务过程的每一个环节(如提问、响应、解答)都一定要通过数字式方式进行传递。

基本原理:在确定已接收到的数字参考咨询问题中有多少已经给读者提供了解答时,上述定义是十分有用的。对于本手册而言,解答也包含了转发的咨询。在“完成数字参考咨询的时间”和“用户满意度评估”两部分内容中,与用户对“解答”的理解相关的部分,这个统计指标也将会用到。如果对问题解答的比例比较低,这项评估将会有助于数据收集和参考咨询馆员作出某些决定。

数据收集方式:连续收集或取样收集。

收集者:咨询馆员。利用手工或电子方式生成日志或报告,或者根据具体情况通过二者相结合生成。

统计频率:每天都要记录日志。每两周收集一次数据并制成表格,除非有更高统计频率的要求,一般每年做一次统计报告。

步骤:指导咨询馆员根据回答数字参考咨询问题数量的定义进行操作。通知咨询馆员他们应该考虑的事情。

连续收集:保留每日回答数字参考咨询问题数量的记录,每两周收集一次并将其制成表格,通常要按年度制作统计报告。

取样:选择具有代表性的两周时间作为取样时段。如果是手工日志,以每日为单位,记录并保存回答数字参考咨询问题的数量;如果使用的是电子方式生成的日志,要统计出在过去两周内,对每个回答数字参考咨询问题数量的总和。有时为了确定回答数字参考咨询问题的数量,还需要对电子日志(产生于电子邮件、在线聊天等)作手工分析。一旦得到两周时段的数据列表,就可以以这一阶段数据为基础对全年情况做出预测。在全年的不同月份,以两周为统计时段收集数据,并对数字参考咨询服务的峰值和低值情况做出解释和分析。

需要再次强调的是,将所有的响应计为一个回答。如果咨询馆员向用户发出多个询问信息却未能得到用户响应,就不能把这样的响应算作一个数字参考咨询的回答。这类情况将在"未解答数字参考咨询问题的数量"中进行统计。任何与用户之间进行的非数字方式的沟通,其响应也不能计为数字参考咨询的回答。例如,如果在整个参考咨询过程中,发生了电话沟通或面对面对话,即使用户是以数字方式提出问题,对问题的回答也不能被认为是数字参考咨询的回答。

这项统计应该与以下几个指标联合起来一并使用：

- 接收数字参考咨询问题的数量
- 响应数字参考咨询问题的数量
- 数字式接收、但不完全通过数字手段回答或响应的问题的数量
- 全部参考咨询活动——接收问题的数量
- 数字参考咨询问题占全部参考咨询问题的百分比

有用的工具——参见附录I中的下列内容：

H. 数字参考咨询业务记录样例

I. 数字参考咨询业务日志——电子邮件

J. 数字参考咨询业务日志——实时咨询

K. 全部参考咨询业务日志——以每日或两周为周期

M. 数字参考咨询数据收集工作单——编辑

问题与思考：对什么是参考咨询问题（无论是数字的还是传统的）“回答”的定义所进行的文献调研和研究表明，试图描述出一个统一的、包容各种观点的定义是很难的。这是因为很难界定“回答”这个概念的准确含义，同时也因为用户对“回答”的定义与我们在这里给出的定义有可能不一致。本部分内容所谈到的数据收集，要求我们对参考咨询馆员给予用户的响应，进行认真的研究和细致的分析。而且越是复杂的参考咨询问题越应当这样。

在我们分析的过程中就会产生一些问题，如：对部分解答我们要进行统计吗？我们怎样才知道“回答”是否完成了呢？在处理解答问题时坚持统一的原则，对本节中讲的数据收集工作是非常重要的。

对用户提出的数字参考咨询问题进行回答是参考咨询服务存在的基本理由,虽然收集这些数据也是比较困难的,但这也是最重要的一点。

第四节　数字方式接收、但不完全通过数字手段回答或响应的问题的数量

定义:本部分内容中所谈的参考咨询问题是指通过数字方式接收,但是响应或回答或者是利用传统手段,或者是利用数字和非数字方式的沟通相结合而完成。请注意,受本手册的目的所限,这里的统计不包括"接收数字参考咨询问题的数量",这两种问题的数量要分开进行计算。

基本原理:在许多情况下,参考咨询馆员对以数字方式接收到的问题的响应,采用的多为组合式的方法,有些是数字方式的,有些则不是。这种情况在那些既提供传统参考咨询服务也提供数字参考咨询服务的图书馆表现得尤为突出。例如通过电子邮件收到的问题,可以通过电话询问用户更多信息而进行响应,或者是通过给读者提供一本书进行响应,或者是通过电子方式以外的手段(如传真)给读者发送一篇读者所要求的论文而对问题进行响应。很多情况下,这类咨询业务构成了一个图书馆业务的重要组成部分。

本章中的定义是与本手册给出的数字参考咨询问题的定义标准不一致的。严格意义上的数字参考咨询问题要求对问题的响应

和回答都要通过完全的数字手段完成。本章将对数字参考咨询和传统参考咨询进行比较。在某些情况下,我们也会讨论诸如什么是构成参考咨询服务的组成部分一类的问题,这样可以对同时提供传统参考咨询服务和数字参考咨询服务的情况给出一个比较全面的概括。它对确定参考咨询馆员的设置和培训,以及对于馆藏开发和运行费用等问题都非常有用。例如,如果有大量的传统和数字方式相结合的参考咨询问题,就需要参考咨询馆员对传统和数字的参考信息源都要熟悉,而且要判断回答问题所需的最好的信息资源,响应用户的最好方式是什么;需要对参考咨询馆员进行怎样利用传统和数字参考信息源的培训;馆藏建设侧重购买纸质资源还是数字资源,或者是二者兼顾;经费预算中是否需要包括新增电话线、传真机、为开展电子邮件服务配备的工作站等。对于同时以数字的和传统两种方式提供参考咨询服务的图书馆来说,一定要将参考咨询服务作为一个整体来考虑。

对"数字式接收、但不完全通过数字手段回答或响应的问题的数量"进行统计,有助于帮助图书馆清楚地了解在他们提供服务的整体框架内各种服务间的相互关系。

数据收集方式:连续收集或取样收集。

收集者:咨询馆员。利用手工或电子方式生成日志或报告,或者根据具体情况通过二者相结合生成。

统计频率:每天都要记录日志。每两周收集一次数据并制成表格,除非有更高统计频率的要求,一般每年做一次统计报告。

步骤:指导咨询馆员根据"数字式接收、但不完全通过数字手段回答或响应的问题的数量"的定义进行操作。通知咨询馆员他们应该考虑的事情。

连续收集：对每天的以数字式接收、但不完全通过数字手段回答或响应问题的数量进行记录，每两周收集一次并将其制成表格，通常要按年度制作统计报告。

取样：选择具有代表性的两周时间作为取样时段。以每日为单位记录并保存以数字式接收、但不完全通过数字手段回答或响应问题的数量。要对手工日志和通过电子邮件、聊天登录等方式生成的电子日志进行分析。一旦得到两周时段的数据列表，就可以以这一阶段数据为基础对全年情况做出预测。在全年的不同月份，以两周为统计时段收集数据，并对数字参考咨询服务的峰值和低值情况做出解释和分析。

这项统计应该与以下几个指标联合起来一并使用：

- 接收数字参考咨询问题的数量
- 响应数字参考咨询问题的数量
- 回答数字参考咨询问题的数量
- 全部参考咨询活动——接收问题的数量
- 数字参考咨询问题占全部参考咨询问题的百分比

有用的工具——参见附录 I 中的下列内容：

H. 数字参考咨询业务记录样例

I. 数字参考咨询问题业务日志——电子邮件

J. 数字参考咨询问题业务日志——实时咨询

K. 全部参考咨询业务活动日志——以每日或两周为周期

M. 数字参考咨询数据收集工作单——编辑

问题与思考：我们认识到，在许多情况下以数字方式接收的问题可能不会以数字方式得到响应和解答。例如咨询问题可能是通过电子邮件发送的，但是参考咨询馆员为澄清问题通过电话与用户联系，或者可能需要给用户通过传真发送一篇文章。本节所述的统计指标对于这些混合型参考咨询业务给予肯定，并且可以用于提供混合型服务的图书馆的参考咨询服务评价。对于那些按照严格意义开展数字参考咨询服务的图书馆而言，这一统计指标则用处不大。

第五节　全部参考咨询活动——接收问题的数量

定义：全部参考咨询活动是指所接收到的全部参考咨询问题的数量总计。具体统计办法是将接收数字参考咨询问题的数量，通过数字方式接收、但不完全通过数字手段响应的问题数量（其反映了混合业务过程）和所接收的传统参考咨询问题的数量相加而成。

DQR + HQR + TRQR = TQR

DQR：接收数字参考咨询问题的数量

HQR：接收的混合式参考咨询问题的数量

TRQR：接收的传统参考咨询问题的数量

TQR：接收的全部参考咨询问题的数量

基本原理：图书馆既提供传统参考咨询服务，同时又提供数字参考咨询服务的情况逐渐增多。在许多情况下是两者相互配合进行。认识和了解什么是全部参考咨询活动（在“接收的全部参考咨询问题的数量”中已经定义)是非常有用的。针对图书馆所有服务而言,这个统计指标对于评价为用户提供的全部参考咨询服务是很有帮助的,并且对图书馆制定长远计划也会有益。

数据收集方式:连续收集或取样收集。

收集者:咨询馆员。利用手工或电子方式生成日志或报告,或者根据具体情况通过二者相结合生成。

统计频率:每天都要记录日志。每两周收集一次数据并制成表格,除非有更高统计频率的要求,一般每年做一次统计报告。

步骤:指导图书馆员按定义操作并修正程序。通知图书馆员应予以考虑的特殊事项。

连续收集:对每天收到的参考咨询问题数量作记录,包括传统参考咨询问题、混合参考咨询问题,以及数字参考咨询问题,每两周收集一次并将其制成表格,通常要按年度制作统计报告。

取样:选择一个具有代表性的两周时段,以每天为基础通过手工日志和电子日志,对所收到的每一个咨询问题(传统参考咨询问题,混合参考咨询问题,数字参考咨询问题)作记录。有时需要对产生于电子邮件、在线聊天的电子日志作手工分析,并对咨询问题传递中包含的多于一个数字参考咨询问题以上的情况作出解释。一旦得到两周时段的数据列表,就可以以这一阶段数据为基础对全年情况做出预测。在全年的不同月份,以两周为统计时段收集数据,并对数字参考咨询服务的峰值和低值情况做出解释和分析。

将接收的数字参考咨询问题、不是通过完全数字手段响应的参考咨询问题和接收的传统参考咨询问题三者的数量相加。

某些情况下，如果这些服务在图书馆是分别开展的，数字参考咨询馆员就需要与从事传统参考咨询服务的馆员，或是综合参考咨询服务的馆员合作。

如果取样的目的是为了这一统计指标的数据收集选择适当方式的话，还需要对传统参考咨询、混合式参考咨询取样阶段与数字参考咨询服务的取样阶段进行协调。

这项统计应该与以下几个指标联合起来一并使用：

• 接收数字参考咨询问题的数量

• 响应数字参考咨询问题的数量

• 回答数字参考咨询问题的数量

• 数字式接收、但不完全通过数字手段回答或响应的问题的数量

• 数字参考咨询问题占全部参考咨询问题的百分比

有用的工具——参见附录 I 中的下列内容：

I. 数字参考咨询问题业务日志——电子邮件

J. 数字参考咨询问题业务日志——实时咨询

K. 全部参考咨询活动日志——以每日或两周为周期

M. 数字参考咨询数据收集工作单——编辑

问题与思考：这一方法对于那些提供混合式参考咨询服务（即既有传统又有数字方式的参考咨询服务）的图书馆是非常有用的。每天对通过传统的或数字方式接收来的参考咨询问题数量进行记录是很费时间的。确定每一单参考咨询业务归属哪一个范畴就需要对每一单参考咨询业务进行手工分析。许多图书馆使用取样调查方法，他们选取一段主要时期的日志作为统计样本，如在

全年的不同时间选择典型的一周或两周，然后他们对全年的情况进行预测。另外一些图书馆利用数字参考咨询跟踪软件进行统计。有些图书馆通过使用手工日志和电子日志相结合的方式进行。汇总不同来源的统计数字要求多个参考咨询馆员进行合作，他们要注意统计方法的一致性，避免重复统计。另外也要考虑到在进行取样调查时可能出现的咨询服务的峰值和低值阶段（如夏季、学期末、节假日和公共图书馆的夏季）。

第六节　数字参考咨询问题占全部参考咨询问题的百分比

定义：所接收的数字参考咨询问题的数量在所接收的全部参考咨询问题总数中所占的比例。数字参考咨询问题一定是以数字方式收到的（如通过电子邮件、网页表单、视频交互、音频交互、在线聊天、参考咨询软件等），其回答、响应也是数字式的，正如在“接收数字参考咨询问题的数量”中所定义的那样。接收的全部参考咨询问题的数量在上节“全部参考咨询活动——接收问题的数量”中已经明确阐述。

$$\frac{\text{数字参考咨询问题的数量}}{\text{全部参考咨询问题的数量}} \times 100\%$$

基本原理：鉴于绝大部分的图书馆运行经费有限，其在资源配置方面也需要格外精心，所以对接收的数字参考咨询问题与接收的全部参考咨询问题作比较，对图书馆管理至关重要。这个比例既可用于图书馆短期管理，也可用于长期的计划制定。如一个图书馆 80% 的参考咨询馆员在从事传统参考咨询服务，而所收到的参考咨询问题有 70% 是以数字方式提交的，这就需要认真思考造成这种局面的原因以及图书馆的业务是怎样管理的？如果数字参考咨询服务与传统参考咨询服务是分离的，那么有必要将较多的参考咨询馆员安排从事数字参考咨询服务吗？在数字参考咨询服务与传统参考咨询服务是同一批参考咨询馆员承担的情况下，是不是需要对他们提供更多的培训？是不是需要购买更多的电子资源？相反，如果一个图书馆开展数字参考咨询服务，并把大量的财力投入到数字参考咨询服务上，而其只占全部参考咨询的 13%，那么就要分析确定，在现有资金投入水平上，数字参考咨询服务是否是用户需要的服务，或者说是否要对这一服务适当进行宣传推广。

数据收集方式：连续收集或取样收集。

收集者：咨询馆员。利用手工或电子方式生成日志或报告，或者根据具体情况通过二者相结合生成。

统计频率：每天都要记录日志。每两周收集一次数据并制成表格，除非有更高统计频率的要求，一般每年做一次统计报告。

步骤：指导咨询馆员根据“数字参考咨询问题占全部参考咨询问题的百分比”定义进行操作。通知咨询馆员他们应该考虑的事情。

连续收集：对每日接收的数字参考咨询问题数量进行记录，每两周收集一次并将其制成表格，通常要按年度制作统计报告。

取样：选择一个具有代表性的两周时段，对每天收到的所有数字参考咨询问题作记录，然后根据取样数据做出推断。在全年的不同月份，选择多个用于取样调查的两周时段，收集数据，并对全年利用的峰值和低值做出解释和分析。

用所收到的数字参考咨询问题总数除以所收到的参考咨询问题的总数，然后乘以100%。

倘若这两项服务在一个机构内是分开进行的，数字参考咨询馆员需要与从事传统参考咨询服务的馆员进行协调。

如果采样的目的是为了这一统计指标的数据收集选择适当方式的话，还需要通过协调，使传统参考咨询取样调查时段与数字参考咨询取样调查时段能一致起来。

这项统计应该与以下几个指标联合起来一并使用：

- 接收数字参考咨询问题的数量
- 响应数字参考咨询问题的数量
- 回答数字参考咨询问题的数量
- 数字式接收、但不完全通过数字手段回答或响应的问题的数量
- 全部参考咨询活动——接收问题的数量

有用的工具——参见附录I中的下列内容：

I. 数字参考咨询问题业务日志——电子邮件

J. 数字参考咨询问题业务日志——实时咨询

K. 全部参考咨询活动日志——日/两周时段日志

M. 数字参考咨询数据收集工作单—— 编辑

问题与思考：这一方法对于那些提供混合式参考咨询服务（即数字参考咨询服务和传统参考咨询服务）的图书馆非常有用。对每天收到的参考咨询问题数量进行记录跟踪是非常耗时的。测

算接收的参考咨询问题的数量的一个方法是,选择一个具有代表性的参考咨询服务的较短时段,如一周或两周,对该时段内的咨询进行精确统计,然后推算出全年的数字。在推算时,使用该项服务的高峰期和低值期也应该考虑进来。对于这一统计方法要认真思考的另外一个问题是,如何最大限度地用好这些统计数据。

第七节　数字参考咨询正确回答率

定义:数字参考咨询正确回答率即正确给定的回答与全部给定的回答之比。

$$\frac{\text{正确给定的回答}}{\text{全部给定的回答}} \times 100\%$$

基本原理:对于任何图书馆的服务,确定其服务是否完成预设的目标是非常重要的。在提供的任何形式的参考咨询服务中(传统或数字方式),其最根本的和最合乎逻辑的目标之一便是给定正确的回答。因此,数字参考咨询正确回答率应是评价数字参考咨询质量的重要内容之一。在对有关"正确回答与参考咨询问题之比"的图书馆文献进行回顾之后显示,许多情况下,正确回答的比例常常比对参考咨询服务质量的预期要低。另有一些文献表明,利用因特网给予正确回答的参考咨询问题等于利用传统资源给予正确回答的参考咨询问题数量。从这一方法得来的信息,对于决定馆藏开发建设(如使用的资源是过时的,还是不必要进行更新? 用以回答问题的资源对于图书馆员适用吗? 信息资源来源可靠吗?),与数据开发商谈判,以及发展对图书馆员继续教育等内容都至关重要。

数据收集方式:同行评议,测试,第三方人员对咨询解答的独立分析。

收集者:管理人员或高级管理人员。

统计频率:每年一次(最少)或根据需要以更高频度进行。

步骤:

同行评议:图书馆员定期对所确定时段(例如前两星期)真实发生的数字参考咨询服务案例进行评议研究。用户和咨询馆员在处理问题时所提出的确认信息必须从中剔除。这样做的目的一是评价咨询问题是否以最佳方式得到了解答,二是共享改进服务的建议或新增的信息资源,这些资源能够在以后回答类似问题时提供帮助。同行评议对回答的"正确性"要达成一致性意见。这个方法对于评价那些比简单事实性问题(虽然本办法也可以用来评价这类问题)更为复杂的问题的质量和正确性是很有用的。

测试:将已预先确定答案的一组事实性参考咨询问题提交给数字参考咨询服务,参考咨询馆员并不知道这些问题是评价程序的组成部分。管理人员或评价者认真检查收到的回答,通过分析来计算正确回答率。

第三方对于咨询解答的独立分析:来自于第三方的分析者或分析小组认真检查在指定时段内对数字参考咨询问题提供的解答。参考咨询馆员处理问题时的确认信息在分析开始之前必须剔除。分析者对每一个解答的正确与否做出评价,并计算出正确回答率。所得数据提交给管理人员。

有用的工具——参见附录 I 中的下列内容：

H. 数字参考咨询业务记录样例

M. 数字参考咨询数据收集工作单——编辑

问题与思考：当用户向数字参考咨询服务提交一个问题时，他(她)总是期望得到正确的解答。事实上，提供正确的解答是评价数字参考咨询服务质量最重要的决定性因素之一(对任何其他类型的参考咨询服务亦如此)。根据预测，对许多事实性参考咨询问题(在许多情况下，通过数字参考咨询服务方式解答的问题都是这类问题)给出正确的解答相对而言是容易的，回答正确率也相对较高。然而，十年来的研究表明，这并不是必然的结果。对于许多复杂类型的问题(如具有一定深度研究的问题，文献综述等)来说，要确定一个解答是否正确变得越来越困难。

对向读者提供的咨询解答的正确性进行测试，这一思想会遭到图书馆员和管理人员的抵触，他们甚至可能会联合起来限制测试的进行。然而如果这样的测试是以细致的、积极的、非恐吓的方式进行操作，那么就有许多理由使其成为极其有用的方法。通过这项评估得来的结果可以支持图书馆员的许多论点，如增加新的信息资源以及在特定的学科领域获得培训等。

通过同行评议过程中的知识共享，也能够为参考咨询馆员所具备的专业技能和兴趣提供展示的机会。尽管在评估中所能够提出的咨询问题的类型和回答的类型都是有限的，但测试提供了最现实的、评价“正确”咨询解答的方法。

虽然可能会受到来自参考咨询馆员和管理人员的抵触，但我们坚定地相信，确定正确回答率是评价数字参考咨询服务质量的最重要的办法。

第八节　完成数字参考咨询的时间

定义:数字参考咨询完成的时间是指回答数字参考咨询问题所使用的平均时间。这一方法常常指数字参考咨询的“接收—回答”的时间。

基本原理:解答数字参考咨询问题所需时间的长短,是评估参考咨询服务质量的一个重要因素。这一指标能够用来确定是否及时地提供了数字参考咨询问题的解答,根据资源情况,它还能够用以确定预期的“接收—解答”的时间政策。

数据收集方式:取样。

收集者:咨询馆员。利用手工或电子方式生成日志或报告,或者根据具体情况通过二者相结合生成。

统计频率:每天都要记录日志。每两周收集一次数据并制成表格,除非有更高统计频率的要求,一般每年做一次统计报告。

步骤:指导咨询馆员根据定义进行操作。通知咨询馆员他们应该考虑的事情。

取样:选择一个具有代表性的两周时段,每日进行统计,将两周时段内的样例数据制成表格,然后依据样例数据进行推断。在全年的不同月份,选择多个两周时段收集样例数据,并对全年利用的峰值和低值做出解释和分析。

只统计那些在同一两周时段内开始和结束的咨询问题。

根据咨询工作日志，参考咨询馆员应该注意观察用户通过电子邮件和网络表单发送数字参考咨询问题的日期和时间，或者用户通过实时服务（如聊天、音频交互或视频交互，数字参考咨询软件等）与参考咨询馆员开始联系的日期和时间。工作日志也应该记录参考咨询馆员对用户的最初响应日期和时间，以及最后响应的日期和时间。

注意：只有在回答或转发确实提供给读者的情况下，时间才被记录。

根据提供服务的类型和特定的服务需求，统计精度应分别以分钟、小时和日加以记录。统计每一件咨询业务发生的时间，到取样调查两周时段结束时即刻计算平均时间。统计包括问题提交和最后响应之间所需要的全部时间。

在两周取样调查阶段，可能会有一两件咨询业务（实时咨询或在线聊天）需要的时间比其他咨询都要长，这种情况不能代表实际的平均状况。在这样的案例中，对完成咨询所需时间的中值与咨询分发情况进行分析，可以对完成服务的时间或“接收—解答”时间做出更为精确的描述。

应该注意的是：不要把参考咨询馆员可能没有用于解答问题，而是解答其他问题或休息的时间从统计中扣除。所有时间都应该统计在内，不需理会实际花费在特定问题上的时间。

有用的工具——参见附录 I 中的下列内容：

I. 数字参考咨询问题业务日志——电子邮件

J. 数字参考咨询业务日志——实时咨询

L. 计算数字参考咨询完成时间工作单

M. 数字参考咨询数据收集工作单——编辑

问题与思考：遵照这一统计方法的要求，以每天连续性的统计为基础来提供详细记录可能是耗费时间且非常困难的。因此，我们建议对一个具有代表性的取样阶段（如两周）进行统计。有些人可能会感觉到这个方法不能评估出用于解答咨询的实际时间。在很多情况下，参考咨询馆员在工作时会被打断，他也可能在一个时段解答多个问题，也可能在完成咨询前有休息、午餐，甚至晚上回家的时间。也可能有多位参考咨询馆员共同解答同一个问题。本手册的作者、咨询委员会和实际参与测试人员都感觉到，如此详细地将参考咨询馆员从开始到结束过程中的所有时间记录下来可能是很困难的。如果一个图书馆或服务机构有能力提供详尽记录，那么我们鼓励他们采取各种措施去这样做。但是也要注意到，采用这个办法的首要目的是要从用户的角度来确定提出的问题得到回答需要多长时间。我们不应假定极短的“接收—解答”时间是最期望得到的结果。某些情况下，咨询问题是复杂的，或者用户期望得到一个全面的解答。与短时间的“接收—解答”相比，一个长时间的“接收—解答”可能是良好咨询质量的标志。而且严格强调“接收—解答”时间可能会引起参考咨询馆员牺牲掉有质量的参考咨询接谈，以及后续的工作，并且也会鼓励不恰当的咨询转发。因此，对本评估方法应该加以认真细致的研究和分析。

第九节　未解答的数字参考咨询问题的数量

定义:未解答的问题是在服务中没有给予用户回答的数字参考咨询问题(如在“回答数字参考咨询问题的数量”中所定义的)。在这类统计中,包含了所有未完成的参考咨询业务。

未完成的数字参考咨询业务是指为响应数字参考咨询问题,由参考咨询馆员向用户发出的更进一步的问询,没有能够与用户进一步交流。这种情况在研究文献中被描述为“用户蒸发”(这是2002年1月18日在美国新奥尔良召开的美国图书馆学会冬季会议上,Joe Janes 谈及 ACRL 的项目“数字参考咨询:趋势、技巧和变化”时首先采用的新名词)。其次,未回答的问题还包括由于咨询能力的限制而没有得到回答的问题,比如在特定的时间没有足够的参考咨询馆员回答问题,或者是没有足够的资源来回答问题。最后,没有得到回答的问题还包括所有由于技术和人为原因而造成失误,以致用户没能得到解答的问题,例如用户发送的问题根本没有得到参考咨询馆员的响应。

在这一部分的统计中不包含转发的问题(不论是内部转发还是外部转发)。转发的问题被计为已经回答了的问题(参见“回答数字参考咨询问题的数量”的定义)。

基本原理:统计未解答的数字参考咨询问题有助于判断是否具有合适的服务能力。这一统计指标也能够用以评价员工沟通技能的质量水平。对未解答的参考咨询问题的分析能够确定障碍主要出在技术层面还是服务人员方面，或者通过分析未解答的问题来判断用户的期望是否是现实的。此外，这个统计结果还可以与所接收到的全部数字参考咨询问题数量总和进行比较，或者与全部已解答的数字参考咨询问题的总和相比较，从而得出相应比率，即：

• 未解答的数字参考咨询问题的数量占全部参考咨询问题的数量之比

• 数字参考咨询问题数量占已解答的数字参考咨询问题数量之比

数据收集方式：连续收集或取样。

收集者：参考咨询馆员、管理人员或高级管理人员。

统计频率：每天都要记录日志。每两周收集一次数据并制成表格，除非有更高统计频率的要求，一般每年做一次统计报告。

步骤：让参考咨询馆员知道这一统计指标的准确定义，在给定统计时段后，受委派的参考咨询馆员、管理人员和高级管理人员要对日志进行收集、审核和分析，确定是否有符合上述定义的未回答的问题。

连续收集：对每天的以数字式接收、但不完全通过数字手段回答或响应问题的数量进行记录，每两周收集一次并将其制成表格，通常要按年度制作统计报告。

取样：选择一个典型的两周时段，以每日为基础统计，收集、列表，然后根据取样数据推算。在全年不同月份选择多个两周时段收集数据，并对全年服务情况的峰值和低值做出解释和分析。

有用的工具——参见附录 I 中的下列内容：

H. 数字参考咨询业务记录样例

M. 数字参考咨询数据收集工作单——编辑

问题与思考：确定未解答的数字参考咨询问题的数量需要做日志（或是手工或是通过数字参考咨询软件），需要高级管理人员、参考咨询馆员或同行评议小组对日志进行阶段性的分析。另一个问题是何时确定一个问题是没有得到解答的，特别是由于参考咨询工作的不完善而导致了问题未被解答。图书馆应该规定一个确切的时间，在此时间之后的问题即被视为未回答问题。例如，如果一个问题在三或四天内都没有解答，这个问题就被认为是未被解答。这个被规定的时间在很大程度上因数字参考咨询问题的类型（参见“接收数字参考咨询问题的类型”）的不同而长短各异。

第十节　接收数字参考咨询问题的类型

定义：参考咨询问题的类型是指每一个参考咨询问题的范畴，例如下列任一类型：书目咨询、指导性咨询、文献检索、其他类型咨询、服务范围以外的咨询、读者建议、事实咨询、研究或专题咨询以及技术咨询。这些类型咨询定义如下（在书后“术语表”中也有阐述）：

书目咨询：书目型参考咨询问题涉及一部作品的著者、出版等方面的内容，书目型参考咨询问题可以包括引文、作者姓名、丛书信息、版次信息或版权信息等等。

指导咨询：指导参考咨询问题是读者在使用可利用的电子资

源时要求提供帮助,这个帮助可以通过参考咨询服务得到解答。指导性参考咨询问题的例子包括如下一些信息请求:如怎样在在线期刊数据库中建构检索式,怎样检索在线目录,怎样根据目录递交图书和其他资料的请求,怎样在某个搜索引擎中限定检索范围,怎样运用布尔逻辑等。

文献检索:文献检索是给定某个主题或作者,要求获得所有已出版文献的请求。文献检索可以通过出版日期、出版地,或者相关类型的评论期刊等检索点进行限定。

其他类型咨询:对于本手册的目的来说,其他类型的参考咨询问题是指那些属于参考咨询服务范围但又不属于任何其他类型的参考咨询范畴的问题。适于多个范畴的数字参考咨询问题应该被划为"其他类型"。

服务范围以外的咨询:服务范围以外的咨询是指那些不符合解答的服务标准,因而不能由数字参考咨询服务回答的问题。服务范围以外的咨询问题常常涉及机构内部的其他服务,或是机构外的服务。

读者建议:读者建议(reader's advisory)是指与读者要阅读的资料有关的信息请求。常见的读者建议有:要求提供与某一学科领域研究内容相关的图书;某位著者的其他著作;一套丛书的其他图书;以特定形式发行的著作,如大开本图书,CD 或磁带;特定语言的著作以及某本图书的背景信息等。

事实咨询:事实咨询的问题是指那些通常只有一个答案或限定的答案,其答案通常能够在普通的参考工具书中获得。如年鉴、百科全书、指南、字典、地图册(集)、同类词词典(thesauri)以及资料汇编(factbook)。某些事实性的参考咨询问题包括印度尼西亚的人口有多少,巴西的首都是哪里,维多利亚女王的卒年,怎样拼写"symbiotic"等。值得注意的是许多数字参考咨询服务只解答事实咨询类型的问题。

研究或专题咨询:研究类咨询问题是指读者根据特定专题提出的多样化的信息请求。有许多文献信息可以解答研究类问题,如期刊论文、图书、引文、论文、统计数字、原始数据等。这类问题的解答或许由多种方式组成,如通过电子邮件提供文章全文或引文,网页推送,文档或表格,图像文件,录像带等。

技术咨询:技术咨询问题是指读者在获得数字参考咨询服务或进入图书馆和其他机构网站时,在进行操作时提出的帮助请求。这类问题包括怎样下载 Adobe Acrobat Reader,怎样打开附件,怎样装载聊天软件等。

基本原理:在数字参考咨询服务中,对咨询问题类型的了解将对馆藏电子或纸本参考信息源的开发建设提供决策支持。在开展数字参考咨询服务的过程中,对参考咨询问题类型的进行准确评价,也会对如何根据专业特长来安排咨询馆员的决策产生影响。此外,要求对参考咨询问题类型有一个清晰的理解,有助于参考咨询服务各构成要素的配置和安排。例如,如果许多问题是事实性的问题,或者是反复提问的简单问题,那么就应开发制作常见问题解答(FAQ)服务页面,或对以前的咨询问题建立档案;如果大量咨询的问题是书目型的,就需要准备大量的书目文献;如果关于怎样使用电子资源的技术问题频频提出,那么就要安排一位擅长辅导工作的或懂得布尔逻辑的参考咨询馆员来回答这类问题。对于技术问题的分析也可直接用于系统的修正、改进和升级。

数据收集方式:连续收集和取样调查。

收集者:参考咨询馆员、管理人员或高级管理人员。

统计频率:每天都要记录日志。每两周收集一次数据并制成表格,除非有更高统计频率的要求,一般每年做一次统计报告。

步骤:通知参考咨询馆员根据咨询问题类型对数字参考咨询问题给予适当分类,这些咨询问题可分类如下(参见上述内容或本书"术语表"中的定义)。

- 书目咨询
- 指导咨询
- 文献检索
- 其他类型咨询
- 服务范围以外的咨询
- 读者建议
- 事实咨询
- 研究或专题咨询
- 技术咨询

连续收集:对收到的每一个数字参考咨询问题,参考咨询馆员应根据上述定义确定问题的类型。参考咨询馆员应在参考咨询日志中对收到的问题类型做记录。以每两周为收集时段,或是根据收到的数字参考咨询问题类型列表。

取样:选择典型的两周时段,根据上述定义将每一个接收的数字参考咨询问题归类。在两周时段结束时,将数据制成表格并进行整理,推算出全年其他时间的情况。建议全年多做几次取样,并对全年服务的峰值和低值阶段做出解释。

注意:如果一个参考咨询问题可以被划分为多个类型,就将其归入"其他类型咨询"统计。

有用的工具——参见附录 I 中的下列内容:

H. 数字参考咨询业务记录样例

N. 接收到的数字参考咨询问题的数量

问题与思考:本部分内容所述方法要求对提出的参考咨询问题的类型进行详尽记录,每一个问题要归入一个特定的类别。某些问题可能属于多种类型或者不适合被归为一类。这些问题就应归入"其他类型咨询"。为便于数据收集,商业参考咨询跟踪软件没有对咨询类别加以区分。手工日志需要改进以包含这一内容。此外,由于将这些数据制成表格极为耗时,因此可以采取对阶段性的样例进行评估的方法。抽样评估产生的问题之一是:由于某些类别的问题是在一年当中某个特定时段提出的,因此很难作出准确的判断。这种情况在学校可能更为典型:学期开始,新生刚入学,会有很多书目型和指导型的问题;学期末学生写作论文的时候,会有很多研究型类型的问题提出。在某种程度上,同样的情形在公共图书馆也表现得十分明显。越来越多的中小学生或接受远程教育的大学生(他们不能前往他们的大学使用资源)成为公共图书馆的读者,并依赖于公共图书馆。任何取样评价都应该考虑这些变化。

第十一节　转交问题数量

定义:转交问题数量是指被转交到馆内或数字参考咨询服务的其他服务点的读者问题的数量,如咨询台、地方志、家谱和政府出版物等图书馆服务部门;或者转交到馆外服务机构的问题数量,如其他图书馆、政府部门、医药卫生部门和法律机构等。咨询服务中出现转交问题的原因有多种:不相关的读者,不在服务范围内的问题,或者是缺少解答问题所必需的资源。为读者提供的可能包含问题解答的资源(如电子数据库或网址)以使其可以独立找到问题的答案,这样的情况不能计为转交信息。向读者提供的这种信息的服务被计入"回答数字参考咨询问题的数量"统计。

基本原理:转交数量是可以被用来帮助开发建设馆藏的重要指标。如果出现大量的问题转交,就可能意味着参考咨询馆员使用的纸本或电子馆藏不够充足。这种评估也可帮助我们设计提供服务的范围。在内部转交的情况下,这个指标可以被用来确定数字参考咨询人员和其他部门参考咨询人员的配置需要,如传统参考咨询,技术服务,书目咨询,图书馆内计算机培训辅导等。此外,对外部转交业务的分析可以提供与其他图书馆、机构或组织合作的机会。

数据收集方式:连续收集和取样调查。

收集者:参考咨询馆员、管理人员或高级管理人员,电子产生的记录。

统计频率：每天都要记录日志。每两周收集一次数据并制成表格，除非有更高统计频率的要求，一般每年做一次统计报告。

步骤：告知参考咨询馆员关于内部和外部转交的定义，以及登记转交业务的正确工作流程。通知参考咨询馆员任何他们应该考虑的事宜。

连续收集：每天记录日志，或者如果有电子记录的话，也可用电子记录。以两周或月为时段收集数据和列表，除非有更高统计频率的要求，一般每年做一次统计报告。

取样：选择一个具有代表性的两周或月为时段，以日为统计单位，然后根据取样数据推算。在全年不同时段，选择多个用于取样调查的两周或月，收集数据，对服务的峰值和低谷阶段做出解释。

这个指标应该与“回答数字参考咨询问题的数量”结合起来使用。

有用的工具——参见附录 I 中的下列内容：

H. 数字参考咨询业务记录样例

M. 数字参考咨询数据收集工作单——编辑

问题与思考：跟踪和统计转交问题数量就要求用手工日志计算出转交量，并且反映出是内部转交还是外部转交。如果可能的话，自动生成的电子记录也可以使用。另外，对转交问题的数量和性质进行认真分析是非常重要的。弄清楚咨询问题为什么被转交，尤其是读者是在内部还是外部转交网络被转交也是很重要的。这种详尽要求的程度需要负责日志跟踪的参考咨询馆员不懈的努力。另外要确定的一个问题是，转交的问题是否源于数字参考咨询服务不具备读者期待中的资源，或者是读者对数字参考咨询能够提供什么样的服务产生错误理解而造成。这方面的分析可以产生截然不同的管理决定和行动。例如,一名读者提交了一个复杂的参考咨询问题,由于数字参考咨询服务范围仅仅是提供事实查询服务,因此这个问题被转交给传统参考咨询服务,那么管理层的反应应该是改进服务宣传,以使其服务限定更清晰。如果提交的咨询问题是在服务范围内却被转交出去,其原因是没有可以依据的资源来解答该问题,那么问题就变成了开发馆藏以及在可能的情况下对资源进行重新配置。最后,当咨询问题原本能够通过数字参考咨询服务解答却被转交了,这就表明可能需要进行更多的培训,或者是没有配备足够的参考咨询馆员完成工作任务。工作日志保留的详尽程度有助于确定问题的转交究竟是缘于何种情况。

第十二节　饱和率

定义:饱和率是数字参考咨询服务用户总量与目标服务对象总量之比。其中,数字参考咨询服务用户也是目标服务对象的组成部分。

$$\frac{\text{数字参考咨询服务用户}^{*}\text{总量}}{\text{目标服务对象总量}} \times 100\%$$

* 他们应该包含在目标服务对象之中。

计算出这一比例首先应确定数字参考咨询服务用户总量和设定服务对象成员总量。

基本原理:饱和率是一个重要的评价指标,它反映了在目标服务对象中有多少人实际使用了数字参考咨询服务。饱和率对服务宣传策略以及有关数字参考咨询服务的资源再配置都有所帮助。

注意:由于某些图书馆不能确定设定服务对象的总量,所以可能无法完成这一指标的统计。

数据收集方式:人口统计学分析。

收集者:管理人员或高级管理人员。

统计频率:按月统计或按年统计。

步骤:通过对工作日志分析,确定数字参考咨询服务用户的总量。确定目标服务对象总量。用数字参考咨询服务用户总量除以目标服务对象总量,再乘以100。

有用的工具——参见附录I中的下列内容:

M.数字参考咨询数据收集工作单——编辑

问题与思考:在大学,目标服务对象就是学院或大学的教职工和学生。在公共图书馆,目标服务范围和服务对象是很容易界定的,并且与实际服务范围能够准确匹配。在这两个环境中确定目标服务对象可能相对简单些。但是在数字参考咨询服务被严格定义为虚拟的,且目标服务对象范围如此广泛、瞬息万变,以至于对目标服务对象的设定失去意义的情况下,或是在公共图书馆内,目标服务对象范围并没有明确界定,且与其实际服务范围并不一致的情况下,确定目标服务对象是比较困难的。而且确定一位用户是否真的是目标服务对象的一员也是困难的。另外,由于某些图书馆不能确定目标服务对象的总量,这个指标的统计也就无法完成。

第十三节 每个咨询问题所使用的资源

定义:这个统计指标将确认在回答一个数字参考咨询问题中所使用的每一个信息源。它包括但并不限定在下列信息源:全文和引文/文摘数据库,统计数据库,词典,书目信息,电子参考工具书和百科全书,电子期刊与电子文档,图片档案,地方或地区性OPAC以及联合目录(如OCLC的WorldCat),包含上述所有内容的综合性数据库(如Dialog, Lexix-Nexis, OCLC的First Search),网页和其他网络资源,新闻组资源,列表服务资源,电子传输的扫描资源。除上述资源外,还包括根据纸质印刷资源解答问题并通过电子方式传输给用户的传统信息资源。最后,信息源还包括由参考咨询馆员自建的资源。根据不同标准,上述所列每项资源还可以有不同的分类,如可以分为免费电子资源、员工自建电子资源、商业化电子资源、传统印本信息源和其他类型资源。

基本原理:"使用的资源"是一个非常重要的评价指标,它可对有关数字参考咨询服务和作为一个整体的图书馆的资源配置的决策产生决定性的影响。此外,根据对可利用的免费资源的比较,确定有使用价值的信息资源,也可以在馆藏建设决策中,对关于商业化电子资源、免费的资源和印本资源的资金预算分配比例提供帮助。

数据收集方式:手工日志分析。

收集者:参考咨询馆员收集,由指定的参考咨询馆员、管理人员及管理人员制作统计表格。

统计频率：每日记录日志，按月收集数据制作统计表格，每年进行一次评估和报告。

步骤：在本项指标的评估中，可以根据对统计数据要求的详略程度，从以下两种方法择一进行。

1. 如果要求提供相当详尽的细节，那么就要使用手工日志表对所用资源进行详尽描述。“所用资源”除了划分为定义中所述的那些类型以外，还可划分为如下类型：免费资源、员工自建资源、商业化电子资源、传统资源和其他类信息源。

2. 如果要求的详细程度并不高，那么所用资源可以按以下类别简单区分：免费资源、员工自建资源、商业化电子资源、传统的或其他信息源。

注意：只将员工自建的信息资源计入“员工自建资源”类中统计，不要将其列入“免费资源类”。

有用的工具——参见附录 I 中的下列内容：

H. 数字参考咨询业务记录样例

O. 每个问题所使用的资源

问题与思考：根据实际情况和需求，您可以保存详尽而确切的数据来追踪所用信息资源的类型，或是使用按前面所讲的五个粗略划分的资源类别完成统计。了解为什么要使用这个统计指标以及收集这个信息所要花费的时间和人员投入情况，将会对决策产生影响。除了根据资源类型进行统计分析外，如果要根据主题对所使用的资源进行高水平的分析，采用比较详细的方法更为适用。

第十四节　重复用户(回头率)

定义:该统计指标是指使用数字参考咨询服务一次以上的读者数量。

基本原理:重复用户的数量(或称回头率)是能够反映服务满意程度的评价标准。回头率也可以与其他指标共同使用,以确定新用户与重复用户的相对比率。

数据收集方式:手工日志分析、网页日志分析、数字参考咨询追踪软件报告。

收集者:指定的员工、管理人员或高级管理人员。

统计频率:按月统计。

步骤:如果必要的话,要做出安排以便获得来自数字参考咨询馆员和技术部门的工作日志和报告。接受解读、分析电子日志和报告方面的训练。分析报告以确定重复用户的数量。

这个办法应该与“使用的原因”(第三章第五节)一并使用,以便对“重复利用”是如何贯穿评价过程能有更加全面、有意义的评价。

有用的工具——参见附录I中的下列内容:

H. 数字参考咨询业务记录样例

M. 数字参考咨询数据收集工作单——编辑

问题与思考:确定重复用户是一个重要的评估手段,因为它是用户对服务满意程度的一个标志。然而收集数据要仔细,分析数据更要慎重。对重复用户的分析应该采用细致认真的方法,不能假定如果用户只用一次服务,就表明他们对初次使用服务并不满意。相反,也不应假定重复用户就是对服务满意。在某些情况下,数字参考咨询服务有可能是用户唯一可以获得的服务。根据本办法收集数据可能会产生下列一些问题:

1. 介于初次和再次使用数字参考咨询服务之间的时间期限并不固定。例如,对于一个用户来说,多次使用数字参考咨询服务可能跨越数周、数月或数年。

2. 跟踪、保存重复用户的服务记录可能是困难的。如果数字参考咨询服务的规模很小,用户的名字可以用手工日志的方式记录和保存。

3. 商业化的参考咨询问题的跟踪管理软件(如 24/7, Questionpoint, LSSI 的虚拟参考咨询服务)或者数字参考咨询服务开发的参考咨询问题数据库,会比使用网络跟踪软件生成的网络日志提供更好的电子统计方法。在许多情况下,仅靠自动生成的日志不能精确地统计重复用户,比如多个用户在图书馆的同一台机器上使用数字参考咨询服务,或者用户匿名提交问题都属这种情况。在许多情况下,允许匿名使用数字参考咨询服务有可能阻碍了完全准确地收集信息。本评估方法应该与更详尽记录用户信息的手工日志结合使用。

4. 这个评估方法对用户为什么多次使用数字参考咨询服务不能给出定性的分析。本方法应与"使用理由"统计中得到的信息配合使用。对于更为全面、有意义的评价来说,对"使用理由"的评估反映了重复使用的真实原因。

第二章 日志和报告分析

重要提示:

对于本部分各章节内容来说,日志分析是指对通过软件程序自动生成的数据记录进行分析。这类软件是为跟踪网站和电子邮件服务器的流量而专门设计的,包括 Webtrends (http://www.webtrends.com)和 Webtracker(http://www.fxweb.com/ tracker)。报告分析是指对自动生成的报告、数据和信息进行分析。它们是由 LSSI 虚拟参考咨询服务(http://www.lssi.com)、24/7(http://www.247ref.org)、QuestionPoint 等商用数字参考咨询服务软件或个性化定制的参考咨询数据库(通过 MS Access 一类的数据库软件创建)提供的。请注意:每一个商业化资源,其术语都有明确的定义。考虑到本手册的目的,我们对于“对话”、“浏览器”和“平台”这些词的定义要给予特别的关注。“登录对话”在本手册中仅指在自动生成报告中记录了的对话数量。“浏览器”是指用于互联网浏览的软件程序(如 Netscape Navigator, Internet Explorer 等)。“平台”是指操作系统,或者是支持计算机系统功能的软件程序,如 Windows NT, Windows 2000, Mac OS, Linux。还应该注意的是,在链接分析情况下,电子报告可以由一些著名的网上检索工具如 Google 产生。在这一部分，日志分析不涉及手工记录日志。

第一节　数字参考咨询的登录对话数量

定义：数字参考咨询的登录对话(sessions)数量是通过数字参考咨询服务网页、实时聊天软件或交互式数字视频等方式登录，并经由电子登录日志分析所确认的对话数量。如果还有 FAQ 和档案网页的话，还应包括利用数字参考咨询服务 FAQ(常见问答库)和档案的登录量。但不包括登录图书馆网站内与数字参考咨询服务无关的或者不能提供与数字参考咨询服务直接链接的图书馆主页和其他网页的登录量。也不包括手工日志确定的对话。

基本原理：经日志确认的对数字参考咨询服务登录对话的分析，提供了数字图书馆访问总量的近似值，可以将该指标与"利用传统参考咨询台人数的总量"这一传统统计指标相类比。这项评估在确定参考咨询馆员配置时是非常有用的。正如一位参与评估测试的人员所指出那样："这是用于衡量服务水平的重要数据，它常常可以在编制预算和人员配置的决策中发挥作用。只要能够认识到评估手段的不完善以及不完善的程度，那么相对有效做法就是利用系统自动提供的数字。"因此，随着服务时间的延续，登录对话数量的增加或减少可以被用来评估由于各种原因而导致的数字参考咨询服务的变化情况。将这一统计数字与传统参考咨询用户量相加，就可以得出对全部参考咨询利用情况更加准确的分析。

数据收集方法：日志分析。

收集者：系统自动生成的报告或记录日志，交由参考咨询馆员、管理人员或高级管理人员进行审核和分析。可能还需要从技术部门获得相关信息。

统计频率：每月统计，年度进行报告。

步骤：在常规情况下，如果有必要获取报告和日志，就应对系统和技术部门作出安排。针对日志分析工作进行适当的培训。根据日志和报告确定数字参考咨询服务登录对话数量。

当对登录对话数量进行统计时，不同的用以生成报告的系统和软件在这一指标的定义上可能存在着差异。此外，不同的软件产品可能会采用不同的记录数据来反映对话活动，例如有些聊天软件产品会给出“对话请求”和“对话完成”的统计报告。

有用的工具——参见附录 I 中的下列内容：

J. 数字参考咨询问题业务日志——实时咨询

问题与思考：作为一种评价工具，根据系统自动生成的日志所得到的“登录对话数量”的最基本内容是指实时交互服务，如通过 IP 控制的聊天、音视频的互动操作等。数字参考咨询登录对话数量可以被视为与传统图书馆参考咨询台访问量相类似的统计指标，但两者间也存在一定的差异。

在同一个对话进行的过程中可能会有多位读者登录到系统中来。在这种情况下，在一个被系统记录的对话中可能会有多个问题被提交，在同一个被系统记录的对话中也可能同时有多个用户登录，这就会造成登录问题的总量与接收到的参考咨询问题数量不一致的情况。例如，在一个图书馆或一个机构内部的计算机上提交问题就可能出现这种情况。

此外，非常重要的一点是，不同软件产品对登录对话数量的定义、计算和报告都是不同的。许多评估人员和咨询委员会成员建议图书馆和数字参考咨询服务机构与软件产品开发商进行对话，共同制定一个登录对话数量的定义标准。

第二节　一周内每日数字参考咨询使用量

定义：一周内每日数字参考咨询使用量是指在数字参考咨询服务开展一段时期后，以周为单位，对一周中每一天的数字参考咨询的使用情况进行跟踪统计。

基本原理：这项评估对于确定一周内每日用户对数字参考咨询服务的使用程度（高用量，一般用量或低用量）是很有用的，其评估结果有助于在制定数字参考咨询服务日程安排时能够合理地进行的人力部署。

数据收集方式：日志分析。

收集者：由系统日志或数字参考咨询系统软件提供。由指定的参考咨询馆员、管理人员或高级管理人员进行收集。

统计频率：每月一次。

步骤：如果必要的话，可以安排从技术部门获取工作日志和报告。接受关于对日志和报告进行解读分析的培训；通过统计列表的方式，对一周内每日接收参考咨询问题数量进行日志分析，进而确定服务量。

如果使用了网络日志软件，那么对含有参考咨询问题提交表单和电子邮件链接的网页进行统计或许是最有效的做法。

这个办法可以与"一日内每小时数字参考咨询使用量"（下一节将谈到）的评估结合使用。

有用的工具——参见附录 I 中的下列内容：

C. Webtrends 报告样例——一周内每日业务统计

H. 数字参考咨询业务记录样例

Q. 日志分析——一周内每日数字参考咨询使用情况/一日内每小时数字参考咨询使用情况

问题与思考：对于在一个对话过程中是否有多个问题被提交，仅凭对系统自动生成的网络日志和报告进行分析是很难作出判断的。另一个要考虑的问题是，分析结果显示，登录对话数量的最大值出现在图书馆闭馆的时间里，因此，有必要对这一时段的服务作出相应的决策。分析还表明，对数字参考咨询服务的答复时间（从问题提交到提供解答之间的时间）的规定，有必要根据从日志中得到的信息进行评估和调整。

由于数字参考咨询馆员除了履行数字参考咨询服务职责（如创建导航和 FAQ 库）外，在许多时候还要承担图书馆业务工作，因此，我们不能将这项评估作为考虑人员设置的唯一标准，应将其与"一日内每小时数字参考咨询使用量"的评估结合起来进行考虑。

还应注意的是，因为网络日志软件的局限性以及由数字参考咨询软件生成报告的揭示程度有限，本项评估以及下一项评估均不能对数字参考咨询服务的使用情况作出完整的描述，它应与其他数据收集方法（如手工日志和记录）结合起来一起使用。

第三节 一日内每小时数字参考咨询使用量

定义:一日内每小时数字参考咨询使用量是对一日之内每小时接收的参考咨询问题数量的跟踪记录。这项统计数字对于确定使用数字参考咨询服务的峰值和低值非常有用。

基本原理:这项评估对于确定一日之内每小时使用数字参考咨询服务的程度(高用量,一般用量或低用量)是很有用的,其评估结果有助于在制定数字参考咨询服务日程安排时能够合理地进行人力部署。

数据收集方式:日志分析。

收集者:由系统日志或数字参考咨询系统软件提供。由指定的参考咨询馆员、管理人员或高级管理人员进行收集。

统计频率:每月一次。

步骤:如果必要的话,可以安排从技术部门获取工作日志和报告。接受关于对日志和报告进行解读分析的培训;通过统计列表的方式,对一日之内每小时接收参考咨询问题数量进行日志分析,进而确定服务量。

如果使用了网络日志软件,那么对含有参考咨询问题提交表单和电子邮件链接的网页进行统计或许是最有效的做法。

与本项评估相关另一项评估是“一周内每日数字参考咨询使用量”(上一节)的评估。

有用的工具——参见附录 I 中的下列内容:

D. Webtrends 报告样例——一日内每小时业务统计

H. 数字参考咨询业务记录样例

Q. 日志分析——一周内每日数字参考咨询使用情况/一日内每小时数字参考咨询使用情况

问题与思考:由于数字参考咨询馆员除了履行数字参考咨询服务职责(如创建导航和 FAQ 库)外,在许多时候还要承担图书馆其他业务工作,因此,我们不能将这项评估作为考虑人员设置的唯一标准,应将其与"一周内每日数字参考咨询使用量"的评估结合起来进行考虑。

还应注意的是,因为网络日志软件的局限性以及由数字参考咨询软件生成报告的揭示程度有限,本项评估以及上一项评估均不能对数字参考咨询服务的使用情况作出完整的描述,它应与其他数据收集方法(如手工日志和记录)结合起来一起使用。

第四节 用户使用的浏览器

定义:用户使用的浏览器是一种网络浏览器(互联网导航软件程序),用户利用它获得数字参考咨询服务。MS Internet Explorer, Netscape, AOL Browser 就是这样的浏览器。

基本原理:了解用户使用的浏览器有助于对用户提交问题时产生的技术困难进行分析。同时对于参考咨询馆员向用户推送网页、向用户解释登录数据库的程序、或者是遇到其他问题时参考馆员需要通过一个引导过程来教用户一步一步操作是非常有用的。

另外，对于用户使用的浏览器进行全面分析，可以帮助用来开发和设计数字参考咨询网站。理想的状态是，数字参考咨询网站界面应与其他运行系统和平台相兼容。

数据收集方式：日志分析。

收集者：由系统日志或数字参考咨询系统软件提供。由指定的参考咨询馆员、管理人员或高级管理人员进行收集。

统计频率：每月一次。

步骤：如果必要的话，可以安排从技术部门获取工作日志和报告。接受关于对日志和报告进行解读分析的培训；通过分析日志以确定各种类型浏览器的使用情况。

与本项评估相关的另一项评估：用户使用的平台（下一节将谈到）。

有用的工具——参见附录 I 中的下列内容：

H. 数字参考咨询业务记录样例

R. 日志分析——用户使用的浏览器/用户使用的平台

问题和思考：日志分析所提供信息的详尽程度不仅应包含用户使用浏览器的类型，而且还应包括浏览器的版本。同一个浏览器因版本不同，其性能和特点会存在很大差异。分析数据，并将其转化成能够用于解决技术问题的信息，就要求参考咨询馆员能够准确掌握浏览器的变化情况。这就要求对在职的咨询馆员进行专门培训，或另外聘用工作人员，或加强图书馆内数字参考咨询服务团队与技术团队间的合作。

第五节　用户使用的平台

定义:用户使用的平台是指用户用以获得数字参考咨询服务的操作系统,如 Windows 98, Windows 2000, Windows NT, Windows Millennium, Windows XP, Linux, Macintosh OS 等,如果可能的话,还应包括反映用户所使用平台的发布信息和版本信息等进一步的细节内容。

基本原理:了解用户使用的平台或操作系统有助于分析用户提交问题时产生的技术困难。同时对于参考咨询馆员向用户推送网页、向用户解释登录数据库程序、或者是遇到其他问题时参考咨询馆员需要通过一个引导过程来教用户一步一步操作是非常有用的。另外,对于用户使用的平台进行全面分析,有助于开发和设计数字参考咨询网站。理想的状态是,数字参考咨询网站界面应与其他运行系统和平台相兼容。

数据收集方式:日志分析。

收集者:由系统日志或数字参考咨询系统软件提供。由指定的参考咨询馆员、管理人员或高级管理人员进行收集。

统计频率:每月一次。

步骤:如果必要的话,可以安排从技术部门获取工作日志和报告。接受关于对日志和报告进行解读分析的培训;通过分析日志以确定各种用户平台的使用情况。

与本项评估相关的另一项评估:用户使用的浏览器(上一

节）。

有用的工具——参见附录 I 中的下列内容：

H. 数字参考咨询业务记录样例

R. 日志分析——用户使用的浏览器/用户使用的平台

问题与思考：日志分析提供信息的详尽程度应包括用户所使用平台的版本信息。同一平台因版本差异，其性能和特点会存在很大不同，各种版本的 Windows 平台间就存在着非常明显的差异。分析数据，并将其转化成能够用于解决技术问题的信息，就要求参考咨询馆员能够准确掌握浏览器的变化情况。这就要求对在职的咨询馆员进行专门培训，或另外聘用工作人员，或加强图书馆内数字参考咨询服务团队与技术团队间的合作。

第三章　用户满意度评估

第一节　服务的公知度

定义:服务的公知度(awareness of service)是指衡量目标服务对象对可以获得的数字参考咨询服务的认知程度。

基本原理:确定目标服务对象对服务的知晓程度有助于服务经营战略的改进。也可将这一指标与其他用户满意度标准配合使用,以判断用户使用服务是由于最初就知道服务还是由于对曾经使用的服务满意。

数据收集方式:调查、问卷、面谈、重点人群调研。

收集者:咨询馆员、管理人员和高级管理人员。

统计频次:每年统计一次。

步骤:确定服务对象的范围;确定怎样能更好地对目标服务对象进行抽样调查或面谈;研究推出与其他评估指标相关联的调查工具;确定调查或面谈的具体实施办法,如电话方式、问卷方式、电子方式,还是调查人员亲自调查;实施调查;分析结果;为了进一步改进工作,对调查工具进行评价。

有用的工具——参见附录 I 中的下列内容:

T. 用户满意评价——调查报告样例/问卷样例

问题与思考:测定目标服务对象对数字参考咨询服务的知晓情况,就需要进行基于目标服务对象的调查和面谈。调查必须同时包括使用服务的用户和未使用服务的用户。要想能够选取一些可以得到有意义的统计数据和调查结果的用户作为调研对象,就要求图书馆对统计学和研究方法具有更为深刻的理解,仅有目前的理解和认识水平是不够的。图书馆可以考虑聘用馆外专家帮助完成此项工作。汇总本指标需要的信息需要研究出合适的调查、问卷和面谈方法,以便能够得到所需信息。

本办法还需要与图书馆以外的机构联系,可能还需要与能够帮助进行问卷发放和回收的个人、部门、机构签订合作协议。如在公共图书馆系统,将这项调查与其他城市和县级机构开展的市民服务满意度评估活动联合起来进行,就比较适合。在大学,可以与学籍管理、学生服务和专家咨询等进行合作。我们明白,将这些方法统一到一起是需要有很高水平的,但是它是确定服务质量的一个重要方法。我们建议任何旨在获得一般服务公知度的努力都会提供有用的信息,都会比根本没有信息好得多。

如果目标服务对象居住地域相对较小,那么,采用重点人群调研的方法或许是可行的,如高校图书馆或公共图书馆。但是从数字参考咨询服务来说,通常情况下,很难界定服务的地域或人口(如 AskERIC, QuestionPoint, Internet Public Library Digital Reference Service),那么,重点人群这种方法的可用性就很低了。

第二节 服务的无障碍性

定义:服务的无障碍性是一项评估潜在用户利用服务难易程度的评价指标,它包括但并不限于以下要素:服务时限(服务时间和每周服务天数);网站设计(界面简洁);符合《美国残疾人法案》(ADA);易于使用;网站的分层布局情况(如果通过网络提交表单,或是通过网站上提供的电子邮件地址);数字参考咨询网站元标签(metatag)的使用,如可以被主要的检索工具查找到;基于目标服务对象的需求,以多语种提供网站界面和配置咨询馆员的可能性。

基本原理:对于服务无障碍性的理解会有助于管理决策的制定。它包括人员配置、数字参考咨询服务网站设计、图书馆网站设计、为满足特殊需要而对相应技术的需求以及对咨询馆员的多语言工作能力的需要等。

数据收集方式:调查;问卷;面谈;对图书馆员工和/或选定的用户及潜在用户进行使用测试;由专家顾问对服务使用情况进行评价。

收集者:参考咨询馆员、管理人员、高级管理人员。

统计频率:每年统计一次。

步骤:确定服务对象的范围;确定怎样能更好地对目标服务对象进行抽样调查或面谈;研究推出与其他评估指标相关联的调查工具;确定调查或面谈的具体实施办法,如电话方式、问卷方式、电子方式,还是调查人员亲自调查;实施调查;分析结果。

如同上述定义所确认的那样,每一个潜在的因素都应被作为一个单独的评价问题、通过不同的推荐的评价步骤进行考察。我们不建议使用单一的手段或步骤将所有这些因素一起进行评价。

这项评估要求同时与用户和潜在的服务用户进行联系。在目标服务对象的整体范围内确定特定的目标定服务对象,会使评估中原本复杂的抽样调查得到简化。例如,对于由于视力或听力差异而有特殊需求的潜在的和现实的用户,可以通过联络当地相关机构团体使他们参加评价过程。远程学生可以通过他们的指导老师与其取得联系,还可以直接联络社区或校园的文化团体。

如果获得数字参考咨询服务的服务点是一个网站,不论它是由开发商设计的,还是图书馆或数字参考咨询服务为顾客用户设计的,其满足《美国残疾人法案》要求的无障碍程度的评估,可以通过借助"Bobby"来进行,你可以将任何提供服务的网站地址(URL)输入到Bobby网站中,并得到自动生成的评估报告,对有视听困难的人在进入网站利用服务时碰到的任何问题,该报告都会给予解释。关于Bobby网站的进一步信息可以参见http://www.cast.org内容。

最后我们要指出,更有效的做法是聘请专家顾问,根据网站布局和《美国残疾人法案》的规定,对数字参考咨询服务的各项无障碍措施进行审核,并提出改进建议。

问题与思考:一定要开发出调查、面谈和测试工具,它们可以用于处理各种无障碍性问题。使用这些工具开展评估是耗时的,并且要求对统计学和研究方法具有专业水平和知识,这可能是图书馆界所欠缺的。因此,外聘专家顾问是获取相关信息最有效的和最有价值的方法。对于大学图书馆的数字参考咨询服务,可以咨询大学里的研究所或学会,从而获得对评价工作的支持。公共图书馆可以与所在地的大学研究机构合作以求得支持。当然本书作者也认识到,这些做法可能会超过某些数字参考咨询服务的能力或预算,我们鼓励提供服务,并要努力得到相关的评估数据,例如:讲西班牙语、葡萄牙语或其他语言的人,在视听方面有特殊需求的人,流动人员等,这些特定服务对象对服务的使用情况也可以是服务评估的测评点,那么,向他们咨询,或将这些对象纳入调查、面谈和测试过程也是非常重要的。

第三节　服务预期

定义:服务预期是对服务水平的评价,也就是当用户提交咨询问题时,他们认为能够得到的服务水平。服务预期可以从以下几个部分评价(可参见书后“术语表”部分的定义):

- 解答问题的类型
- 解答问题的格式
- 解答问题的时间长度(可参见第一章第八节“完成数字参考咨询的时间”)
- 承诺问题回答的程度
- 正确的、权威的、全面的解答

基本原理:在许多情况下,感觉就是一切。用户对服务的期待对他们给予服务质量的评价会产生决定性的影响。理解用户在各个方面的期待将有助于数字参考咨询服务的持续发展。这些方法也可以用来分析数字参考咨询服务市场,从而确定数字参考咨询服务的宣传是否已清楚地传达给图书馆服务范围内的用户那里。参见“问题与思考”部分关于用户服务预期每一项内容的详尽描述。

数据收集程序:调查、问卷、面谈、重点人群调研。

收集者:参考咨询馆员、管理人员、高级管理人员。

统计频率:不定,可以按年度统计,也可视具体情况而定。

步骤:确定怎样能更好地对目标服务对象进行抽样调查或面谈;研究推出与其他评估指标相关联的调查和面谈方法;确定调查或面谈的具体实施办法,如通过信函、电子邮件发送,自动获取(通过网站,或者随最后一次对话响应发出的调查样表),或是通过电话或人工方式进行;如有必要,对调查的返回数据进行确认;实施调查;列表分析结果。

在读者使用服务后对他们进行调查和面谈可能是有问题的,因为对他们进行追踪调查或者让他们参与调查可能有困难。此外,如果评价工作在提供服务之后进行,读者在使用服务前的最初期待可能会受到读者利用服务实际感受的影响。在咨询业务开始或结束时,定期加入简短的提问或调查是很理想的,作为面谈的一部分,它可以通过电子邮件、数字参考咨询服务提交表单,或是在实时咨询开始阶段操作。站在读者角度进行考虑,我们应该让调查或面谈过程尽可能简单。

如果潜在的调查对象能够以面对面方式相见,重点人群调研就成为收集评估信息的一种理想方法。如果潜在用户在地理位置上离得比较近,这个方法就是可行的。然而许多数字参考咨询服务是为了给那些远程读者提供服务,或者是为全球读者服务。要从远程用户那里收集此项评估所需信息,对预期的重点人群(virtual focus groups)进行调研或许也是可行的一种方式。

这项评估应与"数字参考咨询正确回答率"(第一章第七节)评估一起使用。

有用的工具——参见附录 I 中的下列内容:

S. 用户满意评价——服务预期问卷调查样例

问题与思考:数字参考咨询服务的范围是有限的。其限制因素包括:解答问题的类型是有限的(如:参考咨询服务可能只解答事实咨询,或者不为读者提供全部文献检索),其他限制因素(如咨询结果交付时间,每项咨询花费时间,每一个回答所使用的格式等)。尽管如此,不可避免地,仍会有读者因没有阅读服务政策、服务宣传、登录须知等内容而提交了服务范围以外的问题。也可能有的读者已经阅读了服务政策和服务范围,但仍然可能不理解其中的含义。

解答问题的类型:在参考咨询服务领域,我们经常使用普通读者并不熟悉的术语,如"事实咨询"、"指导性咨询"和"文献检索"等。如果读者提出了一个不属于服务范围之内的问题,图书馆员不仅能够将其引导到馆内另外一个部门或是馆外的组织或机构,而且还能据此推断出读者的服务预期是什么,以及为什么会有这样的服务预期,则非常有用。它将有助于制定准确的服务指南和服务宣传。

解答问题的格式:用户对于问题解答格式的期待,有助于提高参考咨询馆员使用多种格式提供文献服务能力和拓展服务工作。在研究数字参考咨询服务政策时,对用户服务预期的研究也有助于解决什么样的期待对读者来说是不现实的这一类的问题。例如,许多新用户相信,一切都可以通过全文格式得到,或者所有文献内容都可以在互联网上获得(包括一些只能在图书馆书架上找到的纸本书),或者他们希望总可以从图书馆得到任何形式且免费的信息。

解答问题的时间长度:了解用户对解答问题时间长度的期待,对确定合理的人员配置、制定兼顾读者期待和参考咨询馆员服务能力的现实可行性政策是非常重要的。许多情况下,读者期待参考咨询馆员完成一个问题解答的时间长度与回答一个问题实际所需时间长度之间存在着矛盾。在当今信息社会条件下,由于媒体日益承诺可以快速获取信息,读者也期待通过简单地敲击键盘就可获得问题的答案。他们可能并不了解在多个数据库中进行检索可能会花费大量时间,或许他们也不明白,他们寻找的信息并不以他们所希望的形式存在。他们还可能不知道在他们提问之前数字参考咨询馆员已经接收了多个咨询问题等待解答。特别是在大学或中小学,以及公共图书馆,读者可能次日就要提交论文、书目、工作面试等,此时他们会有一种在最后时限到达前得到相应解答的强烈要求。

对于任何数字参考咨询服务而言,对所有读者在所有时间内都提供即时回答是不可能实现的。问题的性质和复杂程度,现有工作量,工作积压,技术问题,缺少经验都会对解答一个数字参考咨询问题所需要的时间量产生影响。此外,沟通的方式(如往返email)也会减慢解答速度。

承诺问题回答的程度:在理想情况下,期待参考咨询馆员(数字参考咨询或传统参考咨询)尽其全部可能为读者提供解答是合理的。理解用户对咨询馆员承诺问题回答程度的期待,将有助于制订解答参考咨询问题的政策和指南。下列问题对于制订有关解答问题的程度的指南是有帮助的:

- 我们需要代表用户与馆外的组织或个人进行电话联系、发送电子邮件以获取答案吗?
- 我们需要对解答每一个咨询问题确立一个合理的时间期限吗?
- 在咨询问题进行内部或外部转交之前,我们需要付出一定时间来处理问题吗?
- 如果对问题不能解答的话,我们应在什么情况下放弃?如何通知用户?

在实际的参考咨询服务中,馆员设置、经费预算、馆藏资源、工作量等诸多因素都会影响参考咨询服务能够或在未来能够提供服务的程度。判明用户对参考咨询服务时间长度的期望,会有助于确定承诺问题回答的程度。在有些情况下,用户事实上对承诺问题回答程度的期盼会很高,但却可能是不合理的。另一方面,用户对于承诺问题回答的程度可能本无期盼,而事实上数字参考咨询又为其提供了服务。弄清楚用户期盼程度的范围,有助于制订有关承诺问题回答程度的政策。

正确的、权威的、全面的解答:当然,咨询馆员和用户都希望对咨询的解答是正确的、权威的、全面的。然而在许多情况下，做出这样的解答并不容易，当一个咨询问题是没有条件限定的、复杂的问题时，或者用户要求对问题提供结论性判断时，这种情况就有可能发生。对某些问题，数字参考咨询馆员是不具备解答资格的。这类问题如：

- 对乳腺癌最好的治疗方法是什么？请告诉我该怎样做？
- 作为一名没有监护权的父亲，我的权利是什么？
- 我需要一份完整的书目，它包含已出版的所有有关莎士比亚十四行诗的评论性文章、著述和论文。

当然，数字参考咨询馆员会给用户提供一些信息，但是他们不能告诉用户对于疾病最好的治疗是什么，不能向用户解释他/她的权利，或者是告诉用户他们提供的书目是穷尽一切的。在某些情况下，咨询结果可能不是用户期望得到的解答。例如，一个咨询问题是“我想到纽约州发布一些有关我生母的信息，而这些消息是她不想让我知道的，我该怎么办?”对这个问题的唯一解答是“没有你生身母亲的同意，你不能到纽约州发布这样的信息”。此外，一些咨询问题只有通过给出不同的观点才能够获得解答，比如“以色列和巴勒斯坦这两个政治实体，哪一个的主张更合理”即属于这类问题。

数字参考咨询服务不可避免地要碰到这样的问题，而且事实上数字参考咨询服务可能提供相关的资源或将问题转交，以帮助用户自己找到问题的答案。例如，建议用户与医生讨论乳腺癌的治疗方案，向律师请教法律问题，或者对意见性的问题提供不同的观点，提供详细的证据以帮助用户对其问题得出结论性判断。尽管咨询馆员在响应这类问题时提供了大量有用的信息,但用户仍会视其所得到的信息为不正确的,不具有权威性的,或是不够全面的。

另一方面,数字参考咨询馆员对于咨询问题可能没有提供正确的、权威的、全面的解答,而这样的答案原本是存在的,但是用户可能相信他们已经得到了正确的、权威的、全面的解答。这种情况是由于能力相对较差的咨询馆员的态度和行为、部分咨询馆员缺少咨询技能、参考信息资源的缺乏或时间不足以解答全部问题等原因造成的。还有可能是咨询馆员没有对资源进行复查,或对解答问题时使用的资源没有进行评估,特别是匆忙采用了互联网资源解答问题等原因导致的。然而因为咨询服务提供了对问题的解答,用户就会在某种程度上认定已经获得了正确、权威和全面的解答。

第四节　用户已尝试过的其他资源

定义:“用户已尝试过的其他资源”是对用户在给数字参考咨询提交问题前已先行尝试使用资源的评价。这些资源包括(但不局限于):其他数字参考咨询服务,传统参考咨询服务,网页自助服务(即利用类似主题词典、搜索引擎、元搜索引擎,或在线咨询服务、网络新闻组、OPAC,或在线数据库检索、个人收藏、学科专家等获得的服务)。

基本原理:了解用户在向数字参考咨询提交问题前已尝试使

用的资源是非常重要的。参考咨询馆员可以知道用户已得到了什么信息，以避免重复劳动。这个方法有助于参考咨询馆员理解用户要了解的其他信息，有助于参考馆员评价用户对解答的期待是否现实，也有助于参考咨询馆员判断用户决定使用参考咨询服务时的最初状况。

数据收集方式：参考咨询面谈（通过电子邮件、聊天、音视频互动进行）；参考咨询问题提交表单

收集者：参考咨询馆员。

统计频率：持续进行——在参考咨询面谈或问题提交时进行统计。

步骤：由于大多数行之有效的参考咨询业务都包括参考咨询面谈，那么数字参考咨询面谈便成为我们收集与用户尝试过的其他信息资源有关数据的最有效和最理想的机会。在数字参考咨询问题提交表单中应该向用户询问这个问题。列表并对结果进行分析。

本项评估中的收集程序可以包括提出一个简单的开放式的问题（如您已使用了其他什么资源），或者提供一个资源类型的列表。这两项措施根据评估人员的推荐情况进行采用。

有用的工具——参见附录 I 中的下列内容：

H. 数字参考咨询业务记录样例

T. 用户满意度评价——调查报告样例/问卷问题

问题与思考：了解用户已经尝试使用的资源有助于避免重复劳动，也有助于咨询馆员准确判断用户的需求是什么。向用户就这个问题进行提问以确定用户是否认为自己所找到的是有用信息

是非常重要的。另一方面,不要想当然地认为用户知道怎样有效地检索已尝试使用过的资源,明白这一点对我们也是很有帮助的。确定用户网上检索的水平也很必要,虽然这样操作要很仔细。如果很明显用户不知道怎样有效检索资源,咨询馆员就要对其进行辅导。不论是否能了解到用户已尝试使用的资源,数字参考咨询馆员都可以将这一交流过程视为对用户进行数据库使用辅导的改进机会。了解用户使用其他数字参考咨询服务的经验,也有助于改进服务质量。

对本项评估所得结果进行分析,有助于了解用户的行为方式。如大量用户使用 Yahoo 或 Google,或者许多人使用一般的期刊数据库而对特色资源却不清楚。了解用户行为可能会揭示出这样一个问题:用户对图书馆资源和一般性资源的类型和质量的认识还有待进一步加强。

参考咨询面谈对于确定用户使用了什么资源来说是最有效的工具。然而在某些情况下,在参考咨询面谈过程中要从用户那里得到我们所期望的信息可能是困难的。用户会将我们的问题视为对他们的打扰或是浪费时间。如果我们能够清楚地向用户表达我们掌握这些信息的意义的话,那么用户还是会很愿意提供的。

在参考咨询面谈或者在参考咨询问题提交表单中,可以询问用户在咨询问题上花费了多长时间,这样的问题是非常有用的,因为它可能是衡量用户专业水平以及咨询馆员对该用户问题答案进行查找和回答程度的标志。

第五节 使用的原因

定义:使用的原因是反映用户为什么选择数字参考咨询服务(不论是首次还是重复使用)的评价指标。选择使用的原因可能包括服务口碑好;图书馆、传统或数字参考咨询服务的声誉;广告宣传;服务评价;远离图书馆;对以前的服务满意;没有替代服务的选择等。

基本原理:了解用户使用服务的原因,对数字参考咨询服务市场进行持续评价和开发,以及对服务质量进行分析有着重要作用。了解这一点还可以帮助我们知道这种服务对目标服务对象而言,与其他可以获得的服务资源相比,它的优势是什么。与其他评价方法相结合,了解用户初次使用的原因(如远离图书馆,时间便利,繁忙生活中时间紧张等)有助于开展对目标服务对象和实际用户群体的分析,这一点对于图书馆全局工作,特别是数字参考咨询服务都有意义。这个指标还是一个项目成功的标志,因为如果用户初次使用是由于正面的评论,媒体上的好评或良好的用户口碑,那么就可以据此要求增加项目经费,或是给图书馆追加拨款。如果用户是重复使用的用户,那么他重复使用的原因就会有助于判断数字参考咨询服务对于用户而言是完全成功的、方便的和重要的。对于这项评估的结果进行认真的检查是非常重要的。

数据收集方式:调查;面谈。

收集者:参考咨询馆员、管理人员或高级管理人员。

统计频率:不固定,可每年统计一次或根据进展情况随时进行统计。

步骤:确定怎样能更好地对目标服务对象进行抽样调查或面谈;研究推出与其他评估指标相关联的调查和面谈方法;确定调查或面谈的具体实施办法,如通过邮寄信函、发送电子邮件、自动获取(通过网站,或者随最后一次对话响应发出调查样表),或是通过电话或人工方式进行;如有必要,对调查的返回数据进行确认;实施调查;列表分析结果。

本项评估应与"重复用户"(第一章第十四节)评估一起使用。

有用的工具——参见附录 I 中的下列内容:

H. 数字参考咨询业务记录样例

T. 用户满意度评价——调查报告样例/问卷问题

问题与思考:不论用户是初次使用还是重复使用,原因可能是非常不同的。所以,对问卷、调研报告或面谈进行细致、客观、详尽的分析是很重要的。不论实施操作还是对结果进行评价,这些过程都要耗费大量时间。然而这是我们衡量数字参考咨询服务成功与否的一个强有力的标志。

仅凭重复使用就判定项目成功或用户满意的做法显得过于简单,尽管很可能它就是成功或令人满意的。对本项评估得到的数据进行仔细分析可以反映出用户的满意和服务的成功,但是也可能表明用户是由于种种原因没有其他可替代的选择,甚至他们可能完全不满意但还是在重复使用服务。本项评估是很重要的,但是对评估结果进行缜密、客观的评价也同等重要。

第六节　不使用的原因

定义:不使用的原因是指对为什么用户从未使用服务,或以前使用服务但现在不再使用服务的原因进行统计。对于从未使用过服务的人群来说,不使用的原因包括:不知道服务;对技术感到不安;没有技术手段来使用服务;更喜欢面对面的服务。对于以前使用过服务但现在不再使用的原因包括:对以往的服务感到满意但没有进一步使用服务的需求;用户对以前所有的服务都不满意,或是对以前某些服务不满意;用户自己能够获取所需的全部信息;用户的信息需求与使用服务的规定不相符。

基本原理:了解为什么潜在的或以前的用户不使用服务,对于判断潜在用户知晓数字参考咨询服务的程度,对于采用怎样的竞争手段吸引用户,对于认识潜在用户获取服务的水平和能力(不论是观念上的还是技术上的),以及研究关于数字参考咨询服务的负面影响都是重要的。如果曾经使用过服务的用户没有再次使用服务的原因是由于对服务不满意,那么分析人们没有继续使用服务的原因,对于分析和改进与服务相关的问题而言是非常重要的。另外一方面,这项评估的结果也可以表明用户对服务满意(即用户的信息要求已经得到满足),或者反映出用户对服务没有进一步的需要。不应想当然地把没有使用服务当作否定性的结果。

数据收集方式:调查、问卷、面谈。

收集者:参考咨询馆员、管理人员和高级管理人员。

统计频率:不固定,可每年统计一次或根据进展情况随时进行统计。

步骤:确定怎样能更好地对目标服务对象进行抽样调查或面谈;研究推出与其他评估指标相关联的调查和面谈方法;确定调查或面谈的具体实施办法,如通过邮寄信函、发送电子邮件、自动获取(通过网站,或者随最后一次对话响应发出调查样表),或是通过电话或人工方式进行;如有必要,对调查的返回数据进行确认;实施调查;列表分析结果。

有用的工具——参见附录 I 中的下列内容:

T. 用户满意度评价——调查报告样例/问卷问题

问题与思考:当我们评价以前从未使用过数字参考咨询服务的用户未曾使用该项服务的原因时,要预先设定调查对象的范围可能是非常困难的。

为了确定没有使用服务的用户为什么没有使用该项服务,仅以统计数字去衡量通常也是困难的。在评价数字参考咨询服务时,类似情况也存在,而且可能更为严重。因为在某些情况下(全国的或全球的),很难清楚地界定服务对象。

在某些情况下,存在着范围清晰的服务对象,这就要与其他部门或机构合作,建立与非使用者联系的辅助机制。就大学而言,其他部门即行政管理部门和各个系,对公共图书馆而言,其他部门即政府部门或市政机构。

以认真的、客观的、缜密的方式分析没有使用服务的原因是非常重要的。我们不能主观臆想没有使用服务就表示对服务不满意、服务宣传工作做得不好、或者是不能获取服务，尽管这些理由可能是令人信服的。在稍微复杂的操作程序中，细致分析没有使用服务的原因，将有助于评价用户对服务的相对满意或不满意。

一些评估人员指出，这个方法在常规情况下可能不是特别有用。因为数字参考咨询服务已经拥有的用户数可能远远超过我们所能掌握的。

第七节　需要改进的地方和需要提供的附加服务

定义：需要改进的地方是指，根据用户的建议和批评以及数字参考咨询馆员对服务的评价，而在服务中积极地作一些改变，以至于用户从中受益的服务领域。本方法包括可能增加的服务。

基本原理：用户和参考咨询馆员关于改进和增加服务的建议对分析当前的数字参考咨询服务质量是非常重要的。需要改进的地方可能包括加快服务周期或与用户进行更好的沟通。需要提供的附加服务包括增加服务的小时和天数，增加解答问题的类型，以及为有特殊需求的用户提供方便的技术。

数据收集方式：调研、问卷、面谈、重点人群调研、用户和馆员的主动评价。

收集者：参考咨询馆员、管理人员、高级管理人员。

统计频率：不固定，可每年统计一次或根据进展情况随时进行统计。

步骤：确定如何更好地进行调研或与用户和馆员代表面谈；如

果与重点人群集中面谈,需确定参加人员并与他们联系;研究推出与其他评估指标进行调研时共同使用的工具;确定调查或面谈的具体实施办法,如通过邮寄信函、发送电子邮件、自动获取(通过网站,或者随最后一次对话响应发出调查样表),或是通过电话或人工方式进行;如有必要,对调查的返回数据进行确认;实施调查;列表分析结果。

用户和馆员的回答通过这一方法得到集中。许多情况下,用户会就他们希望进行的改进之处或希望得到的附加服务主动提出建议。如果用户的建议不能马上被付诸实践,应做好记录,并将其与通过正式渠道获得的用户建议合并在一起。

组织咨询馆员进行讨论比组织用户进行讨论更具可行性。另外,在例行的员工会议上,所要讨论的议题也应包含本方法所需要的信息。如果要进行员工讨论,需要选择一位协调员(facilitator),以使馆员明白这个人是客观的。

有用的工具——参见附录 I 中的下列内容:

T. 用户满意度评价——调查报告样例/问卷问题

问题与思考:改进服务的建议可能既来自于图书馆员,也来自于用户。它会反映出图书馆员和用户对服务的不同期盼和建议。详尽客观地分析他们对于改进服务的建议,会有助于界定服务范围或扩大服务范围。改进服务建议可以视为(事实上也就是)对批评的延伸。对于改进服务建议的分析,可能会在馆员当中,或是馆员与高级管理人员之间产生令人不安的情况。此外,要将那些要求改进或增加服务且同时具有可行性的意见,与那些不符合服务宗旨和目标且又不能归于财政预算或员工配置问题的意见区别开来,这是非常重要的。例如,每周服务时间从 3 天减到 2 天,这条改进服务的意见是合理的;而要求咨询台的馆员每天 24 小时、每周 7 天工作,这条意见就不那么可行了。如果提出在周日晚上设置数字参考咨询人员的服务要求,是可行的,而在参考咨询服务中增添复杂的音视频互动内容,就超出了图书馆预算。

第八节　对咨询馆员服务的满意度

定义:“对咨询馆员服务的满意度”可用来衡量用户对咨询馆员服务的满意程度,即在用户看来,咨询馆员是否较好地满足了他们的信息需求。“对咨询馆员服务的满意度”可以包括以下几个方面:

对个性化服务的感受。它反映的是咨询馆员向用户所提供服务的个性化程度。响应用户请求包含在回复时直接称呼用户的名字,注意到用户特殊的需求,为顾客量身定做答案而不是套用固定的程式化的答案来满足用户的需求。

对沟通中咨询馆员的举止行为和态度的感受。它反映的是咨询馆员在提供帮助时是否热情,沟通中的语调,在咨询交谈过程中或其他咨询业务过程中是否敏感地对待隐私问题,以及“倾听”的愿望。“对咨询馆员服务的满意度”也包括用户与咨询馆员偶然联系获得的所有支持以及技术馆员的举止行为和态度。

对响应时间的感受。是指用户是否认为他的咨询问题是在可接受的时间里得到了解答,包括对“紧急”问题的响应,对问题的解答是否比其预期要快，对问题的解答是否在预期时间内完成的。“对响应时间的感受”还包括参考咨询馆员对用户提出问题所给予的最初确认。

基本原理：本项评估基于用户在与咨询馆员互动沟通中的感受，通常情况下，其结果对咨询馆员的值班安排很有用，也可用于评定咨询馆员的沟通技巧和服务质量。

这个方法特别在用户远离图书馆员帮助的技术环境下，有助于提高咨询馆员的技能，使他们能更好地为用户提供个性化服务。它也将有助于开发与用户互动沟通的模式和流程。例如，可以确定与用户进行电子邮件通信时应附有用户的地址及用户姓名（如：亲爱的 Ruth）。在许多情况下，用户对传统或数字参考咨询服务满意主要侧重于所感受到的个性化服务、咨询馆员积极的态度和行为举止，而不太计较回答的正确性或响应速度。

本项评估对数字参考咨询服务设置也非常重要。因为关于服务态度和行为举止的传统评价方法，如肢体语言、面部表情、声调等，对于数字参考咨询服务用户而言，除非咨询业务是以实时视频或声音传输的方式进行的，否则这些问题并不突出。

数据收集方式：调查、面谈。

收集者：参考咨询馆员、管理人员和高级管理人员。

统计频率：不固定，可每年统计一次或根据进展情况随时进行统计。

步骤：确定如何更好地进行调研或与用户和馆员代表面谈；如果与重点人群集中面谈，需确定参加人员并与他们联系；研究推出与其他评估指标相关联的调查和面谈方法；确定调查或面谈的具体实施办法，如通过邮寄信函、发送电子邮件、自动获取（通过网站，或者随最后一次对话响应发出调查样表），或是通过电话或人工方式进行；如有必要，对调查的返回数据进行确认；实施调查；列表分析结果。

有用的工具——参见附录 I 中的下列内容：

T. 用户满意度评价——调查报告样例/问卷问题

问题与思考：这项评估主要依靠数字参考咨询用户的主观评价。但是其中可以反映出用户所感受到的数字参考咨询服务质量，不应低估。个性化服务，积极的服务态度和行为举止，以及响应时间，通常在所有服务业中都被视为重要的质量评价标准。

数字参考咨询服务的个性化是特别重要的，应对这一方面给予特别重视。因为在许多情况下，通过数字方式进行沟通的本质是非个性化的。除了以音视频互动为基础的数字参考咨询服务之外，所有的沟通都是用户和咨询馆员以文本传输的方式进行的。对用户表示欢迎，目光接触，使用肢体语言，由于多次使用服务而记住用户的名字，在提供给用户资源的同时作些口头评价等等，这些在传统参考咨询服务领域可行的个性化服务措施，对于数字参考咨询服务而言可能是做不到的，因此需要寻找与这些方法功能类似的其他方法。

某些音频同步服务（如 Live Person，Human Click）提供了最低限度的个性化服务。如果用户接受了这样的个性化服务，他就会有兴趣学习使用这些服务的方法。

在数字环境下，要表现出积极热情的行为举止和态度是有困难的。因为在传统参考咨询服务中面对面互动沟通时的服务态度和行为举止在数字参考咨询服务中不再适用,除非是在视频互动的情况下。用户可以提交参考咨询问题,但是如果咨询问题没有马上被咨询馆员确认,就可能被理解为(无论理解得是否正确)服务态度和行为举止不好。其次,通过电子邮件沟通可以影响一个人的行为感受。咨询馆员个人可能是热情的、开放的和积极的,但是因为电子邮件使用的是文字语言,很容易被用户感觉为不冷不热、或是缺乏热情的。对本方法收集的数据进行分析表明,有必要进行书面沟通的培训,尤其是在数字交流的环境下。为了确保咨询馆员向用户表现出积极热情的态度,就应该对具体的方法和程序作出规定,如参考咨询馆员接受请求后即便是不能马上处理解决也要尽可能快地对咨询问题进行确认。也可使用充满活力的、热情的语言来表现友好的服务态度。

对响应时间的感受显示,数字参考咨询服务设定的对用户咨询问题合理的响应时间与用户对咨询服务的时间预期之间存在着差异。用户自身的具体情况可能影响他对咨询问题解答周期的预测。这些因素包括:紧急问题,低估了咨询问题的复杂性,对用于解答问题的资源应用和资源格式的不合理的预期。数字参考咨询服务可以控制以下因素:用户在服务高峰时间提出紧急问题时的数字参考咨询馆员配置;解答特殊问题的咨询专家;知道哪些馆员可以提供需要的信息资源。使用本项评估得到的数据,有助于确定合理的服务时间周期,应该将其与数字参考咨询服务政策共同发布。

因为要对用户做面谈和调查,本评估办法会面临与其他需要调查用户的评估办法相同的问题。对此问题比较理想的解决方法是，面谈和调查应在参考咨询业务结束阶段进行。因为一旦咨询业务全部结束，追踪用户有时就会十分困难。

第九节　对传输模式的满意度

定义：对传输模式的满意度是指用户对参考咨询馆员在解答问题过程中所使用的电子传送模式满意的程度。这个指标应该反映出用户对通过电子邮件、聊天软件、网页推送、下载等方式回答问题的满意度。它也可能反映了数字传送模式相对于传统传送模式（如馆际互借、图书传递、自助复印等）的满意度。

基本原理：用户对传输模式满意度的认识为拓展现有服务和作出增加新的传输模式（如聊天、音视频技术）的决定提供了有用信息。这项评估也为给用户提供切实可行的传输模式提供了参考信息。用户或许没有聊天和视频互动的知识、能力和愿望。或者他们还在使用电子邮件系统，但系统不能接收附件。这个认识也可以用于发展与图书馆内部其他部门或外单位的合作。例如，如果使用馆藏中的一本书能很好地解答用户的问题，那么借阅部门与数字参考咨询服务部门应合作接受用户的请求，而无需用户一开始就向咨询部门请求。最后，这个方法也可以反映出有必要对员工进行培训和对设备进行更新。

数据收集方式：调查、面谈。

收集者：参考咨询馆员、管理人员和高级管理人员。

统计频率：不固定，可每年统计一次或根据进展情况随时进行统计。

步骤:确定如何更好地进行调研或与用户和馆员代表面谈;如果与重点人群集中面谈,需确定参加人员并与他们联系;研究推出与其他评估指标相关联的调查和面谈方法;确定调查或面谈的具体实施办法,如通过邮寄信函、发送电子邮件、自动获取(通过网站,或者随最后一次对话响应发出调查样表),或是通过电话或人工方式进行;如有必要,对调查的返回数据进行确认;实施调查;列表分析结果。

有用的工具——参见附录 I 中的下列内容:

T. 用户满意度评价——调查报告样例/问卷问题

问题与思考:当我们根据这一评估结果考虑可以通过增加用户所期望的传输模式来提高服务质量时,也可以作出这样的结论:财务预算或技术因素的限制可能不是影响改善服务或提高服务质量的根本原因。

因为要对用户做面谈和调查,本评估办法会面临与其他需要调查用户的评估办法相同的问题。对此问题比较理想的解决方法是,面谈和调查应在参考咨询业务结束阶段进行。因为一旦咨询业务全部结束,追踪用户有时就会十分困难。

第十节　服务对用户的影响

定义:服务对用户的影响是一项重要的结论性指标,具体是指服务怎样影响了用户。对用户的影响包括:解决一个信息问题,回复一个信息请求，节省时间，获得在其他方面没能得到的资源。对用户的影响还包括由服务产生的对用户生活的影响，如由于先于公司面试之前就得到了该公司的相关信息从而使用户找到了工作；促使用户得以参加治疗某种严重疾病的医学试验；使用户找到用户想要投诉的某公司的地址；使学生找到了开展社会研究项目需要的若干期刊资源；使大学生得以完成其硕士论文而获得毕业；使医校学生、护校学生及医生获得相关信息，从而为病人进行了成功的治疗。

基本原理：数字参考咨询服务是图书馆服务的重要组成部分，它对用户而言十分重要。因此，确定数字参考咨询服务对用户的影响是极为重要的。这项评估为数字参考咨询服务乃至图书馆整体争取政治上与财政上的支持特别有用。数字参考咨询环境中，从物理意义上讲，数字参考咨询馆员个人肯定是远离用户的，且可能并不了解他们服务的成效。这项评估的结果可以为他们提供一种满足感，有关"服务对用户的影响"的评估，可以改善员工精神状态，提高他们对工作的满意度。

数据收集方式：调查、面谈、重点人群调研、用户的主动评价。

统计频率：不固定，可每年统计一次或根据进展情况随时进行统计。

步骤：确定如何更好地进行调研或与用户和馆员代表面谈；如果与重点人群集中面谈，需确定参加人员并与他们联系；研究推出与其他评估指标相关联的调查和面谈方法；确定调查或面谈的具体实施办法，如通过邮寄信函、发送电子邮件、自动获取（通过网站，或者随最后一次对话响应发出调查样表），或是通过电话或人工方式进行;如有必要,对调查的返回数据进行确认;实施调查;列表分析结果。

要获得这类信息就要随机抽取已得到回答的用户。在一个特定时间段(两至六个月)之后,与用户取得联系并判断服务对用户的影响。在数字参考咨询服务中,弄清用户在接受服务后是否愿意联系,是否愿意面谈,是否愿意填写有关服务影响的调研表等事项,还是比较容易做到的。

用户常常会提供有关服务对用户产生影响的事例或轶闻。在进行评估时,不仅要收集以正式手段得来的事例,也要收集这些轶事。

有用的工具——参见附录 I 中的下列内容:

T. 用户满意度评价——调查报告样例/问卷问题

问题与思考:“服务对用户的影响”可以说是最重要的衡量数字化参考咨询服务质量方面的指标。有关数字参考咨询服务影响的大量例证对于争取行政和财政上的支持是极其令人信服的理由。当要考虑图书馆的常规经费及数字参考咨询服务专项经费时,服务对用户生活的影响常常是图书馆或组织委员会、政府官员及立法者关心的一个话题。遗憾的是,这个办法也是最难把握的办法之一。许多情况下,在解答咨询问题后相当长的一段时间内,服务对用户的影响并不能完全显现。跟踪用户并请其参加调研、面谈和重点人群调研也可能是困难的。下列例子可以说明,“服务对用户的影响”可能要相对地滞后才能发生:

- 用户是一名研究生,在撰写学位论文时需要找到一篇线索并不清晰的文章,而完成这篇论文可能需要几个学期。

• 用户是一名多发骨髓癌患者,他需要有关医学试验和骨髓移植方面的信息,随后他进行了骨髓移植,使其生命也延长了数年。

• 用户咨询怎样撰写个人简历,然后在她递交申请的公司中找到了一份工作。

在有的案例中,服务对用户的影响可能是真实的,但没有被用户意识到。就像在许多情况下,用户将图书馆良好的服务视为理所当然的一样。

如果数字参考咨询服务能将它对用户的影响的实例、质量或统计数据收集起来(不论是征集的还是用户主动提供的),这些材料可以用于服务的宣传,证明服务费用的支出和为争取经费游说的合理性。

第十一节　用户人口统计学数据

定义:用户人口统计学数据是指描述用户人口学特点的数据,包括年龄、种族、性别、教育、职业及专业等内容。对于大学图书馆的服务,这些用户特征还包括系别、教职工、学生(可进一步分为本科、研究生、博士或专家)。对于公共图书馆,这些用户属性包括年龄(可进一步分为儿童、青年、成人)、职业,以及法定居住身份。

基本原理:对用户人口统计学数据指标进行分析,可以判定是否用户的特殊属性已成为具有典型性群体的属性,根据它可以改变或强化服务。再者,这类数据能够用于馆藏发展,以确定可以满足特定群体特殊需求的资源。例如,为 10 岁以下读者提供的网上少儿百科全书,为研究生和教职员提供的网上电子期刊浏览,为讲西班牙语的人群提供的无论是检索界面还是内容均为西班牙文的在线数据库,为年轻母亲提供的自助式的文献支持。另外,人口统计学数据能够用来判断有哪些具有人口学意义的用户群体没有使用服务,从而有可能努力弄清楚没有使用服务的原因,以满足那些用户群体未能满足的需求。

数据收集方式:调查;对于来自登记档案、数字参考咨询提交表单等不同信息来源的数据进行分析。

收集者:参考咨询馆员、主管人员、高级管理人员。

统计频率:不固定,可每年统计一次或根据进展情况随时进行统计。

步骤:确定如何更好地进行调研或与用户和馆员代表面谈;如果与重点人群集中面谈,需确定参加人员并与他们联系;研究推出与其他评估指标相关联的调查和面谈方法;确定调查或面谈的具体实施办法,如通过邮寄信函、发送电子邮件、自动获取(通过网站,或者随最后一次对话响应发出调查样表),或是通过电话或人工方式进行;如有必要,对调查的返回数据进行确认;实施调查;列表分析结果。

有用的工具——参见附录 I 中的下列内容:

H. 数字参考咨询业务记录样例

T. 用户满意度评价——调查报告样例/问卷问题

问题与思考:如果向用户直接收集这些数据,用户会感觉被打扰。如果从其他来源收集数据，那么非常重要的是要锁定那些在改进服务质量上被认为是最有意义的人口统计学的属性。从节省时间的角度考虑，很重要的一点是不要仅仅为收集而收集。这类数据常常要从多个来源获得，而且是耗时的。就收集有关儿童的人口统计学数据来说，只能收集他们的非个人身份数据（non-identifying data）。另外，如果通过调查问卷方式直接从儿童那里获取数据，在孩子们完成调查问卷前需要征得他们父母的同意。

第四章　费用

第一节　数字参考咨询服务费用

定义:数字参考咨询服务费用是指提供数字参考咨询服务的总费用。包括人员费用(如工资、补助金)、数字资源费(如版权费、技术支持费等)、基础设施费(如硬件、软件、通讯、网站管理、域名服务等费用)、租赁费和抵押金、市场营销和广告费、培训费、用于数字参考咨询服务的材料印刷费、耗材费及其他任何与数字参考咨询服务有关的费用。在有些情况下,数字参考咨询服务是作为常规参考咨询服务的组成部分提供的,或者数字参考咨询服务和常规参考咨询服务共用咨询馆员和资源,那么其费用应分开计算。

基本原理:了解图书馆服务费用对于增加预算和制定有关资源配置的管理决策都至为重要。从整体管理水平上讲,数字参考咨询服务的费用是非常重要的,它对于制定服务计划和资源的配置也是很重要的。

数据收集方式:收集并分析费用构成,包括发票、个人消费、广告费用、培训费等。

收集者:管理人员或高级管理人员。

统计频率:不规律,但是可以按年度进行有代表性的统计。

步骤:从年度报告、个人记录(有关工资信息)或商务部门收集所需信息。

有用的工具——参见附件 I 中的下列内容:

U. 费用工作单

V. 费用——电子资源比例分配工作单

问题与思考:由于多种原因,确定图书馆某一种服务的准确费用常常是困难的。许多情况下,馆员和资源被图书馆内的多个服务领域共用。对任何一个领域按比例分配经费是很困难的。有些数据库馆内外共用(馆外即指远程访问数据库),所以很难将费用计算在一个部门。同样的问题也影响了数字参考咨询服务。数字参考咨询服务使用的一些最贵的资源是订购的和得到许可使用的网上资源和数据库。这些资源也同时供其他部门和来自馆内外的用户使用。当然,不同的数据库商就数据库使用情况会分别提供有意义的统计数字。许多情况下,特别是在通过 IP 地址授权访问的时候,确定有多少比例的费用配置给数字参考服务是不可能的。咨询馆员同时履行着传统参考咨询和数字参考咨询的职责,跟踪咨询馆员工作时间也是有问题的。尽管如此,努力确定费用还是非常重要的。

第二节 数字参考咨询服务费用占全部参考咨询服务预算的百分比

定义:“数字参考咨询服务费用占全部参考咨询服务预算的百分比”是将全部数字参考咨询费用与包括传统参考咨询、混合式参考咨询及数字参考咨询在内的全部参考咨询预算相比。用百分比可表示为:

$$\frac{\text{数字参考咨询费用}}{\text{全部参考咨询预算}}\times 100\%$$

基本原理:掌握数字参考咨询服务相对于全部参考咨询预算的费用比是很重要的,如果已经明确了的话,可以根据这个数据对数字参考咨询服务费用进行适当配给,对于传统参考咨询服务也是如此。投入产出比的计算对于任何机构都是重要的,在数字参考咨询服务上也是如此,因为提供参考咨询服务的费用由于可能出现的人员问题(如技能和工作时限)、资源费用(软件、在线数据库)、培训需求(馆员不但必须在传统参考咨询服务中受到培训,而且在技术和计算机服务中也要受到培训)等原因常常相对比较高。

数据收集方式:收集并分析费用构成,包括发票、个人消费、广告费用、培训费等。

收集者:管理人员或高级管理人员。

统计频率:不规律,但是可以按年度进行有代表性的统计。

步骤:从年度报告、个人记录(有关工资信息)或商务部门收集所需信息。

确定数字参考咨询费用,然后除以全部参考咨询预算,再乘以100%。

有用的工具——参见附件 I 中的下列内容:

W. 数字参考咨询费用占全部参考咨询服务的百分比,或占图书馆全部预算的百分比

问题与思考:确定这个极为重要的指标的最大难点在于,图书馆计算出全部参考咨询服务的真实费用始终是非常困难的。费用配给项目间的相互交叉,情况各异,尤其是在线数据库的购置、履行多项岗位职责图书馆员单项费用的分配比例等问题都使这种比较非常困难。另外,在图书馆全部预算中,自动化和参考咨询预算是分列的,虽然数字参考咨询服务费用并没有作出这样的区分。数据库购置费常常在图书馆预算中占有很大比例,按比例分配数据库费用也是有问题的。引文数据库究竟是被数字参考咨询服务使用还是常规参考咨询服务使用,是图书馆到馆读者在用还是远程用户使用,常常很难从严格意义上进行判定。

当数字参考咨询服务作为相互协作的大参考咨询业务的一个组成部分来提供服务的时候,这个指标的计算就会更加困难。

第三节　数字参考咨询服务费用占图书馆或机构全部预算的百分比

定义:“数字参考咨询服务费用占图书馆或机构全部预算的

百分比”是将数字参考咨询费用与图书馆或机构的全部预算相比，用百分比表示如下：

$$\frac{\text{数字参考咨询费用}}{\text{图书馆或机构的全部预算}} \times 100\%$$

基本原理：对于任何图书馆或机构来说，了解服务费用与机构全部费用的比例至关重要。只有了解每一项服务费用，对机构资源做出有根据的预算决策和配给才有可能。另外，如果数字参考咨询服务费用与机构全部预算之比远远低于使用数字参考咨询服务产生的效益，就可以因此而获得更多资源。

数据收集方式：收集并分析费用构成，包括物品、用人经费、广告费用、培训费等。

收集者：管理人员或高级管理人员。

统计频率：不规律，但是可以按年度进行有代表性的统计。

步骤：从年度报告、个人记录（有关工资信息）或商务部门收集所需信息。

确定数字参考咨询服务费用，然后除以图书馆全部预算，再乘以100%。

有用的工具——参见附件I中的下列内容：

W. 数字参考咨询费占全部参考咨询服务的百分比，或占图书馆全部预算的百分比

问题与思考：图书馆常常很难弄清数字参考咨询的精确费用，图书馆员可能同时工作于数字参考咨询服务和传统参考咨询服务中，在某些图书馆，数字参考咨询服务是被归并到传统参考咨询服务当中进行的。其次，当参考咨询馆员、其他图书馆员和用户同时

通过图书馆和远程设施使用网上数据库时,弄清其费用也是很难的。再者,对数字参考咨询馆员和其他图书馆员使用的设备和软件按比例计算费用也是有问题的。

如果一个图书馆的数字参考咨询服务与该图书馆的其他服务并无关联的话,这项指标就失去了意义。如 AskEric 服务以及其他的 AskA 服务,他们是为数字参考咨询服务制定独立的预算。

第五章　参考咨询馆员花费的时间

第一节　参考咨询馆员用于技术支持的时间所占的百分比

定义:参考咨询馆员用于技术支持的时间所占的百分比是指参考咨询馆员用于安装、修理及维护计算机硬件和软件的时间,与参考咨询馆员用于数字参考咨询服务的全部时间(即"咨询馆员用于技术支持上的时间"与"用于数字参考咨询服务的其他时间"之和)之比。

$$\frac{\text{参考咨询馆员用于技术支持的时间}}{\text{参考咨询馆员用于数字参考咨询服务的全部时间}}\times 100\%$$

基本原理:不论在传统图书馆服务领域还是在数字参考咨询服务领域,参考咨询服务的性质都是在不断变化着的。根据日常工作和研究报告,在上述两种参考咨询领域中,参考咨询馆员用于技术支持方面的时间都在增加。

在数字参考咨询服务中,参考咨询馆员花费的时间可以体现在下列活动中:创建、维护和更新数字参考咨询网站;防病毒软件的下载更新;判断和解决硬件、软件以及外围设备(如调制解调器、扫描仪、打印机、监视器和线路连接等)出现的问题。除了要具备提供数字参考咨询服务的技能外,咨询馆员还要具有完成这些任务的技能。

对于图书馆管理而言,最重要的是要知道咨询馆员分别用于这两方面工作的时间比例是多少。这个信息会对人员雇用,以及制定参考咨询馆员配置和酬金等问题的决策有帮助,同时也会有助于对雇员的工作和工作满意情况进行分析和评估。

数据收集方式:抽样调查、调查、面谈、分析手工日志。

收集者:管理人员、高级管理人员,或指定的咨询馆员。

统计频率:每天记录日志。选取有代表性的一周时段进行详尽信息汇总,一年重复多次进行。

调查或面谈由图书馆员周期性的进行,如一年一次。

步骤:确定哪些活动符合定义标准;记录手工日志,登记用于技术支持的时间;制定并实施一种可以将员工用于技术支持的时间量抽取出来的调查方法。

对于这一方法,我们要将创建、维护、更新数字参考咨询网站的时间,下载、更新防病毒软件的时间,以及判断和解决硬件、软件以及外围设备(如调制解调器、扫描仪、打印机、监视器和线路连接等)出现问题的时间全部计算在内。也包括员工用于学习怎样进行上述技术支持的时间。

在许多情况下,图书馆内负责技术支持的图书馆员要服务于馆内多个部门,其中包括数字参考咨询服务。将图书馆员用于支持数字参考咨询的时间单独抽出计算是困难的,解决这些困难有如下选择:

（1）采用“数字参考咨询服务费用占图书馆或机构全部预算的百分比”（第四章第三节）的相同比例数字。这是最容易但也最不精确的方法。其做法带有武断性，也并没有得到花费于数字参考咨询服务技术支持所需时间的真实情况。用于数字参考咨询服务技术支持保障的时间与用于数字参考咨询服务的全部时间之比并不直接和数字参考咨询费用占机构全部预算的百分比相对称。

（2）只统计用于技术支持的时间占用于数字参考咨询服务的全部时间之比。

（3）只把直接参与数字参考咨询服务的图书馆员在技术支持上所用的时间统计进来。

有用的工具——参见附录 I 中的下列内容：

X. 参考咨询馆员花费的时间——用于技术支持的时间所占的百分比

问题与思考：收集本方法所要求的详尽信息可能是费时和令人感到困惑的。进行这样的工作要求数字参考咨询馆员进行详细的记录。除了汇总和计算所需数据存在一定困难以外，从管理的角度看，它是最重要的方法之一。另外，技术支持所要求的工作和技能与直接提供数字参考咨询服务需要的技能可能是有出入的。然而，由于经费预算问题，或者数字参考咨询服务可能还未纳入计划之列，许多数字参考咨询馆员所需要的技术支持工作只能由他们自己来承担。

第二节　参考咨询馆员用于为用户提供技术帮助的时间所占的百分比

定义：参考咨询馆员用于为用户提供技术帮助的时间所占的百分比即参考咨询馆员非正式、非计划性地，一对一地对用户进行技术培训所付出的时间，与参考咨询馆员投入数字参考咨询服务的全部时间之比。这个方法只与那些为使用数字参考咨询服务的用户提供的帮助有关，而不涉及为那些利用传统参考咨询服务的用户提供的帮助。

$$\frac{\text{参考咨询馆员用于为用户提供技术帮助的时间}}{\text{参考咨询馆员用于数字参考咨询服务的全部时间}}\times 100\%$$

基本原理：网站初始访问的研究结果和其他情况表明（至少从点滴迹象），除了参考咨询工作外，参考咨询馆员为用户提供技术帮助的时间占有很高的比例。类似的情况包括教用户怎样下载Adobe Acrobat Reader 软件以阅读 PDF 文档；怎样在磁盘上保存图像；如何将期刊数据库的结果输入到空白表格或书目软件中等等。这些工作要求参考咨询馆员具有专门的技能。对于参考咨询馆员用于完成这些任务所付出时间的理解，可以为参考咨询馆员配置、制定咨询馆员培训计划、做出人员雇佣决策提供帮助。对于评价咨询馆员工作和工作满意度也是非常重要的。

数据收集方式：抽样调查、调查、面谈、分析手工日志。

收集者：管理人员、高级管理人员，或指定咨询馆员。

统计频率:每天记录日志。选取有代表性的一周时段进行详尽信息汇总,一年重复多次进行。

调查或面谈由图书馆员周期性的进行,如一年一次。

步骤:确定哪些活动符合为用户提供技术支持的定义。记录手工日志,登记员工用于为用户提供技术支持的时间;制定并实施一种可以将员工用于技术支持的时间量抽取出来的调查方法。

有用的工具——参见附录 I 中的下列内容:

Y. 参考咨询馆员花费的时间——用于为用户提供技术帮助的时间所占百分比

问题与思考:参考咨询服务的本质和提供参考咨询服务的技能正在迅速地变化着。在信息工作中,技术所扮演的角色越来越不容小觑,因此,参考咨询馆员的角色也正在转变:他们不仅要提供信息,同时也要提供用户指导工作。尽管参考咨询馆员一直都要向用户提供一些指导,比如怎样使用复杂的索引,如何使用主题索引,怎样阅读引文,如何使用卡片目录,怎样恰当地引用参考信息源等问题;但是,现在需要向用户提供的指导还包括技术领域的问题以及关于计算机的知识:例如,现在用户要求参考咨询馆员为其辅导:网站导航、文件下载、在联机数据库和互联网检索工具中使用布尔逻辑、提交打印等问题。为本方法收集数据,要求开发和维护详细记录了数字参考咨询馆员用于为读者提供技术支持时间量的工作日志。这一方法就像“参考咨询馆员用于技术支持上的时间所占的百分比”(第五章第一节)的评估一样,在雇佣和配置数字参考咨询服务人员、开展参考咨询馆员培训等方面都非常重要。因此,尽管这个方法复杂、费时,对数字参考咨询馆员用于辅导用户使用技术的时间所占的百分比作出准确评估还是很重要的。

第六章　其他评价方法

以下三种方法也可以纳入评价过程中，我们可以通过它们来进行质量控制和培训。

第一节　同行评议

同行评议是指参考咨询馆员对其他参考咨询馆员所完成的电子邮件咨询，或者实时对话咨询进行检查和批评分析的过程，同时他们还要进行意见反馈，并提出可行的改进意见。同行检查需要以建立并正式确定的参考咨询标准为依据，它应包括对响应的评估、咨询记录标准的使用、回答的精确性、回答的完整性、资源利用情况、咨询转交和适度转交等内容。我们并不推荐将这一方法用于与提薪、晋级相关的个人业绩的评价。

第二节　深度参考咨询记录

深度参考咨询记录是指数字参考咨询馆员个人对从事数字参

考咨询服务经历的记录，其中记载了馆员的文献洞察力、观察、所遇到的问题、困难和成功等。这些记录可专门用于把握这项服务开始时所没有预料到的问题，以及怎样改进与数字参考咨询有关的服务、专业培训、图书馆政策及业务流程等问题。

第三节　图书馆员讨论组

图书馆员讨论组是图书馆员的集会和论坛。图书馆员在其中讨论工作、共享他们的经验和有关信息资源的知识、提出改进数字参考咨询服务的建议、寻求解决疑难问题的帮助、彼此帮助以提升专业水平。

第七章　质量标准

第一节　开发质量标准

这一部分为开发和使用有关数字参考咨询服务的质量标准提供指南。图书馆员和管理人员对质量标准的实际水平起着决定性作用。不过,在这里我们要介绍的是标准的重要性和使用以及开发质量标准的过程。

第二节　定义和重要性

质量标准是一种特定的尺度,它反映了人们对服务或服务的某一方面所能达到的程度的预期。可以通过质量标准进行评估,以确定该标准实际上所达到的程度。质量标准界定了一个机构欲认可一项特定服务或活动,该项服务或活动需要达到的工作水平。

质量标准是非常重要的,因为:

(1)质量标准鼓励图书馆员和行政管理人员对一项特定服务

的质量要素由什么构成进行讨论并达成一致意见；

(2)质量标准为一项特定服务和活动所应提供的服务预期质量提供清晰的指导；

(3)质量标准可以用来教育图书馆员，特别是新图书馆员，以达到所应提供的预期服务质量；

(4)对不同的数字参考咨询服务可能存在不同的可接受的质量水准，这点已得到公认；

(5)质量标准可为奖励和明确责任提供依据。

质量标准的制定利用了本手册中所介绍的统计数据和评估方法。质量标准不是工作指标(performance measure)。比如，工作指标可以是数字参考咨询正确回答率，而质量标准是"数字参考咨询服务正确回答率应是65%"。

第三节　质量标准实例

我们提出下列用于数字参考咨询服务的质量标准：

1. 礼貌：数字参考咨询服务的用户将会根据从1(不礼貌)到7(非常礼貌)的级次，对提供数字参考咨询服务的图书馆员的礼貌程度给出一个分值。这一标准需要的数据可以通过在调查数字参考咨询响应时附加问题从而收集到。或者是日后通过电话、电子邮件或其他手段与数字参考咨询服务用户取得联系，以获得他们的评价。

2. 正确性：图书馆员应提供××%的正确回答率。正确回答率是正确给定的回答占全部给定回答的百分比。该标准需要的数据可以这样获得：一个由数字参考咨询馆员组成的同行评议小组对数字参考咨询日志进行检查，并对提供给用户的回答做出判断：正确、不正确、已被转发、不能确定。将被判定为正确的响应的部分与所有咨询问题相比，确定所提供数字参考咨询服务的正确性。

3. 满意度:数字参考咨询服务的用户将会根据从1(不满意)到7(非常满意)的级次对他们得到服务的满意度给出一个分值。这一标准需要的数据可以通过在调查数字参考咨询响应时附加问题从而收集到。或者日后通过电话、电子邮件或其他手段与数字参考咨询服务用户取得联系,以获得他们的评价。

4. 重复用户:至少××%的数字参考咨询用户会在每周、每个月或其他时间段里提出两件或更多的咨询问题。收集数据的过程是要分析咨询日志文件,确定同一IP地址、同一用户ID,或是其他认证对象,在一个特定时间里通过数字参考咨询服务进行提问的次数。

5. 公知度:至少有××%的特定服务对象(特定服务群体,例如大学生)知道图书馆提供(特定类型的)数字参考咨询服务。对“知道”的界定即用户团体知道有某项服务存在。收集这一数据的过程是要对设定服务对象进行调查,以确定服务对象对服务知道的程度。

6. 费用:每单数字参考咨询费用将不会超过××元。图书馆员通过使用本手册中早已介绍的方法,计算出每单数字参考咨询的费用。平均费用应该依据在一段可接受的时间段里的抽样调查。然后每单咨询的平均费用要与被一致认可的质量标准相比较。

7. 完成时间：数字参考咨询平均完成时间是××小时。由于多种原因，如被解答参考咨询问题的类型、难度及解答时间等，在不同情况下的质量标准都会有所差异。制定这一质量标准应该非常谨慎，并应牢记，最快捷的服务通常不是最好的。然而用户确实希望得到及时的响应。

8. 无障碍性：无障碍性涉及很多因素，其包括容易找到并使用服务、使用满足用户特殊需求的软件等。类似的质量标准如“用户只需在图书馆主页上点击×次就能获得服务”，“每一位有特殊视觉需求的用户能够‘阅读’每一个词，并且通过使用声音阅读技术链接到数字参考咨询主页”等。

上述质量标准提供了这样一个思路，即本手册中早已概括出的统计数字和方法可以转换成质量标准。我们这里提出的只是样例，图书馆员可以开发新的或替代质量标准。

第四节　确定“适当的”标准

对于任何数字参考咨询服务而言，没有“正确的”标准。“正确的”标准要依赖图书馆的目标、能达到一定标准的馆藏资源规模、影响数字参考咨询服务的本地情况，以及一种质量标准相对另一质量标准的重要性。比如对于一个图书馆来讲，服务对象中有30%知道数字参考咨询服务是可以接受的标准，但是对另外一个图书馆,其标准可能是60%。

通常情况下,当建立质量标准时,图书馆员和行政管理人员首先要对现有工作制定出专门的建议标准(如“公知度”、“满意度”等)。例如,他们应该收集数据,以确定目前的正确回答率是多少。如果他们确定目前的正确回答率是45%,那么下一步就要讨论其是否是可接受的标准。对于某一特定的图书馆来说,由于既定的目标、资源和环境不同,这些因素都对数字参考咨询服务有影响,因此它有可能认同也有可能不认同这样的标准。

作为对一个标准的适当性的检查方式,图书馆工作人员可以联系用户,获得用户对服务的意见,从而设定一个适当的服务标准水平。图书馆员可能会非常惊奇地获悉,数字参考咨询服务的用户对服务质量的预期是非常不同的。如果在图书馆员和用户之间关于质量水平的预期存在着明显的差异,就有必要进一步讨论。重要的是,图书馆员和行政管理人员对于正确回答率的标准应该是什么首先要取得一致性意见,然后再努力达到这个标准。

不论为数字参考咨询服务制定什么样的质量标准,自始至终根据标准对图书馆的工作进行有规律的检查都是非常重要的。图书馆是否达到了标准?如果没有达到,是什么原因?如果达到了质量标准,是否应该提高质量标准以促进更好的服务?这些问题以及与其相关的问题将会继续存在。

术语表

关于数字参考咨询服务

Async 异步

异步是指非实时发生于参考咨询馆员和读者之间的业务交流。在双方沟通中存在时间间隙。在传统图书馆,提交纸本咨询请求表单就属于异步工作。在数字图书馆,异步则包括提交电子邮件或在线网络表单请求。

Digital Reference Answer 数字参考咨询回答

数字参考咨询回答是指为响应用户提交的一个数字参考咨询问题而发送的全部回答。全部的回答被作为一个数字参考咨询回答。一个数字参考咨询回答必须完全通过计算机或数字手段发送的。数字参考咨询回答还包括转交到其他联系地点或指引用户使用资源从而自己找到答案。

Digital Reference Question 数字参考咨询问题

对本手册而言,数字参考咨询问题是指通过数字手段提交给数字参考咨询服务的问题,亦即问题的提交一定是使用电子邮件、网络表单、聊天、视频互动等方式通过计算机传递的。通过传真和电话提交的问题不能视为数字参考咨询问题。对本手册而言,以数字方式接收问题,却以非数字手段响应的,不被认为是数字参考咨询问题。

Digital Response 数字参考咨询响应

数字参考咨询响应是指为响应一个数字参考咨询问题,以电子方式发送给用户的任何一次沟通。数字参考咨询响应并不必须包含对咨询问题的解答。事实上其可能是对收到问题的确认、对更多信息的了解、对问题的厘清,或是询问用户是否对所找到的信息满意的一个邮件。

Format of Answers 回答格式

回答格式包括:全文文献、全文和引文(或文摘)的混合、仅有期刊论文、仅有网页、全部文献检索结果、指定文献的分析、所需文献的馆藏地点或图书传递。该术语也反映了用户对物理格式的期望,即 HTML, PDF, ASCII 或一般文本格式,或各种文字处理格式,如 MS Word, Word Perfect。此外,用户的期望也包含数字参考咨询馆员会提供文献格式转换服务。

Logs and Reports—Electronic 电子日志和报告

电子产生的日志和报告由网络软件(如 Webtracker 或 Webtrends)、数字参考咨询软件(如 24/7、LSSI 的虚拟参考咨询)或商业化数据库软件(如 MS Access)提供。

Logs and Reports—Manual 手工日志和报告

手工日志和报告由用户创建。日志的内容是由手工记录的,根据日志手工生成报告。

Real-time 实时

实时是指在不同通讯地点之间,在没有任何往返时间停顿的情况下所发生于参考咨询馆员和用户之间的交流。

Interactive Video 交互式视频

交互式视频是一种数字参考咨询的方式,它具有使参考咨询馆员与用户通过利用计算机传输的视频信号“相见”的能力。这一类型的数字参考咨询业务是对实体图书馆发生的面对面的业务的模仿。其优点在于参考咨询馆员和读者可以彼此“读”到“对方”的“肢体语言”,并且能够获得有关彼此态度和行为举止的信息。应用视频数字参考咨询的局限是,不论从用户还是参考咨询馆员来说,对宽带专用设备和软件都有很高的要求。

Sync 同步

同步是指实时发生于参考馆员和读者之间的业务交流。在接收和响应之间没有时间推延或间隙。在传统参考咨询中,面对面的参考咨询交谈和电话对话就是同步。在数字参考咨询,同步包含聊天和互动视频。

Voice over IP(VoIP)网络电话

网络电话是指参考咨询馆员与读者通过互联网进行交谈并且能够彼此听到对方的声音。它最显而易见的优势是读者和参考咨询馆员能够进行实时对话。它能够节省参考咨询面谈时间,避免长途电话费的开支,可以使得读者和参考咨询馆员通过声音感觉对方的反应,而这种感觉可以影响参考咨询业务。其不足之处是对带宽要求高,传输过程经常受到静电干扰或听不清楚。

关于参考咨询问题类型

Bibliographic 书目咨询

书目型参考咨询问题是指与一部作品的著者、出版等方面信息有关的问题,书目型参考咨询问题可以包括引文、作者姓名、丛书信息、版次信息或版权信息等等。

Instructional 指导咨询

指导参考咨询问题是读者在使用可利用的电子资源时要求提供帮助,这个帮助可以通过参考咨询服务得到解答。指导性参考咨询问题的例子包括如下一些信息请求:如怎样在在线期刊数据库中建构检索式,怎样检索在线目录,怎样根据目录递交图书和其他资料的请求,怎样在某个搜索引擎中限定检索范围,怎样运用布尔逻辑等。

Literature search 文献检索

文献检索是给定某个主题或作者,要求获得所有已出版文献的请求。文献检索可以通过出版日期、出版地,或者相关的评论期刊等检索点进行限定。

Other 其他类型咨询

受本手册的目的影响,我们认为,其他类型的参考咨询问题是指那些属于参考咨询服务范围但又不属于任何其他类型的参考咨询范畴的问题。适于多个范畴的数字参考咨询问题应该被划为"其他类型"。

Out of Scope 服务范围以外的咨询

服务范围以外的咨询是指那些不符合解答的服务标准,因而不能由数字参考咨询服务回答的问题。服务范围以外的咨询问题常常涉及机构内部的其他服务,或是机构外的服务。

Reader's Advisory 读者建议

读者建议问题是指与读者要阅读的资料有关的信息请求。经常见到的读者建议有:要求提供与某一学科领域研究内容相关的图书;某位著者的其他著作;一套丛书的其他图书;以特定形式发行的著作,如大开本图书,CD 或磁带;特定语言的著作以及某本图书的背景信息等。

Ready Reference 事实咨询

事实咨询(或称快速事实)问题是指那些通常只有一个答案或限定的答案,其答案通常能够在普通的参考工具书中获得。如年鉴、百科全书、指南、字典、地图册(集)、同类词词典以及资料汇编(factbooks)。一些事实性的参考咨询问题样例包括印度尼西亚的人口有多少,巴西的首都是哪里,维多利亚女王的卒年,怎样拼写"symbiotic"等。值得注意的是许多数字参考咨询服务只解答事实咨询类型的问题。

Research or Subject Request 研究或专题咨询

研究类咨询问题是指读者根据特定专题提出的多样化的信息请求。有许多文献信息可以解答研究类问题,如期刊论文、图书、引文、论文、统计数字、原始数据等。这类问题的解答或许由多种方式组成,如通过电子邮件提供文章全文或引文,网页推送,文档或表格,图像文件,录像带等。

Technical 技术咨询

技术咨询问题是指读者在获得数字参考咨询服务或进入图书馆和其他机构网站时,在进行操作时提出的帮助请求。这类问题包括怎样下载 Adobe Acrobat Reader,怎样打开附件,怎样装载聊天软件等。

附录Ⅰ 表单、报告、日志、工作单及调查工具样例

A. 公共图书馆“AskaQuestion”数字参考咨询网页提交表单

B. Webtrends 报告样例——常规统计数据

C. Webtrends 报告样例——一周内每日业务统计

D. Webtrends 报告样例——一日内每小时业务统计

E. 24/7 参考咨询软件总结报告样例

F. LSSI 虚拟参考咨询用户满意记录和报告样例

G. LSSI 数字参考咨询聊天记录样例

H. 数字参考咨询业务记录样例

I. 数字参考咨询业务日志——电子邮件

J. 数字参考咨询业务日志——实时咨询

K. 全部参考咨询活动日志——以每日或两周为周期

L. 数字参考咨询完成时间统计工作单

M. 数字参考咨询数据收集工作单——编辑

N. 接收到的数字参考咨询问题的数量

O. 每个问题所使用的资源

P. 日志分析——数字参考咨询登录对话数量——实时

Q. 日志分析——一周内每日数字参考咨询情况/一日内每小时数字参考咨询使用情况

R. 日志分析——用户使用的浏览器/用户使用的平台

S. 用户满意度评价——服务预期问卷调查样例

T. 用户满意度评价——调查报告样例/问卷问题

U. 费用工作单

V. 费用——电子资源比例分配工作单

W. 数字参考咨询费用占全部参考咨询服务的百分比，或占图书馆全部预算的百分比

X. 参考咨询馆员花费的时间——参考咨询馆员用于技术支持的时间所占的百分比

Y. 参考咨询馆员花费的时间——参考咨询馆员用于为用户提供技术帮助的时间所占的百分比

样例

A. 公共图书馆"Ask A Question"数字参考咨询网页提交表单

http://www.ipl.org/ref/QUE/RefFormQRC.html

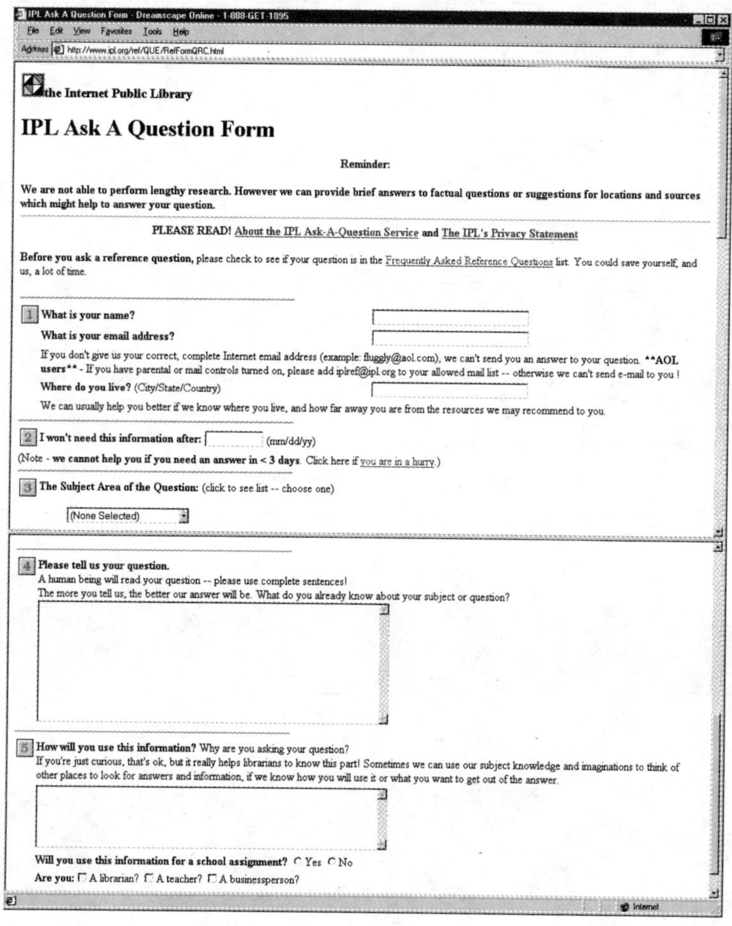

IPL Ask A Question Form - Dreamscape Online - 1-888-GET-1895

File Edit View Favorites Tools Help

Address http://www.ipl.org/ref/QUE/RefFormQRC.html

the Internet Public Library

IPL Ask A Question Form

Reminder:

We are not able to perform lengthy research. However we can provide brief answers to factual questions or suggestions for locations and sources which might help to answer your question.

PLEASE READ! About the IPL Ask-A-Question Service **and** The IPL's Privacy Statement

Before you ask a reference question, please check to see if your question is in the Frequently Asked Reference Questions list. You could save yourself, and us, a lot of time.

1 **What is your name?**

What is your email address?

If you don't give us your correct, complete Internet email address (example: fluggly@aol.com), we can't send you an answer to your question. ****AOL users**** - If you have parental or mail controls turned on, please add iplref@ipl.org to your allowed mail list -- otherwise we can't send e-mail to you !

Where do you live? (City/State/Country)

We can usually help you better if we know where you live, and how far away you are from the resources we may recommend to you.

2 **I won't need this information after:** (mm/dd/yy)

(Note - **we cannot help you if you need an answer in < 3 days**. Click here if you are in a hurry.)

3 **The Subject Area of the Question:** (click to see list -- choose one)

(None Selected)

4 **Please tell us your question.**

A human being will read your question -- please use complete sentences!

The more you tell us, the better our answer will be. What do you already know about your subject or question?

5 **How will you use this information?** Why are you asking your question?

If you're just curious, that's ok, but it really helps librarians to know this part! Sometimes we can use our subject knowledge and imaginations to think of other places to look for answers and information, if we know how you will use it or what you want to get out of the answer.

Will you use this information for a school assignment? Yes No

Are you: A librarian? A teacher? A businessperson?

Internet

样例

A. 公共图书馆“Ask A Question”数字参考咨询网页提交表单(续)

http://www.ipl.org/ref/QUE/RefFormQRC.html

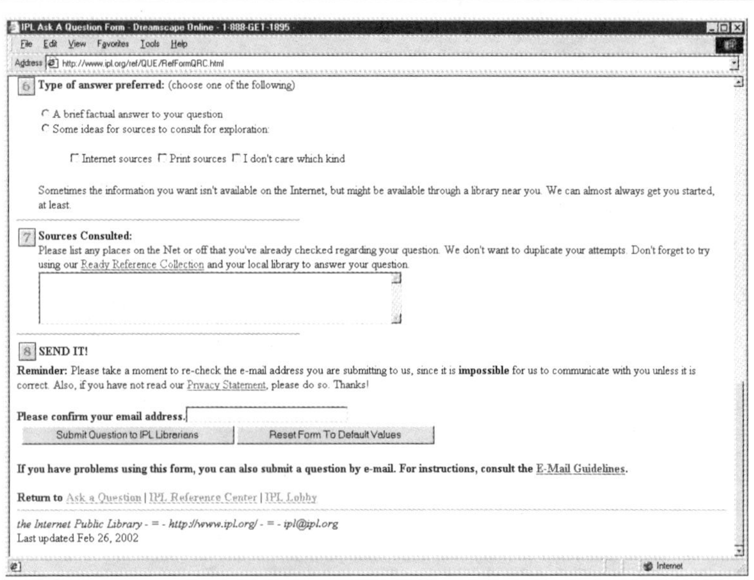
IPL Ask A Question Form - Dreamscape Online - 1-888-GET-1895

File Edit View Favorites Tools Help

Address http://www.ipl.org/ref/QUE/RefFormQRC.html

6 **Type of answer preferred:** (choose one of the following)

- A brief factual answer to your question
- Some ideas for sources to consult for exploration:

  - Internet sources
  - Print sources
  - I don't care which kind

Sometimes the information you want isn't available on the Internet, but might be available through a library near you. We can almost always get you started, at least.

7 **Sources Consulted:**

Please list any places on the Net or off that you've already checked regarding your question. We don't want to duplicate your attempts. Don't forget to try using our Ready Reference Collection and your local library to answer your question.

8 **SEND IT!**

Reminder: Please take a moment to re-check the e-mail address you are submitting to us, since it is **impossible** for us to communicate with you unless it is correct. Also, if you have not read our Privacy Statement, please do so. Thanks!

Please confirm your email address.

Submit Question to IPL Librarians | Reset Form To Default Values

If you have problems using this form, you can also submit a question by e-mail. For instructions, consult the E-Mail Guidelines.

Return to Ask a Question | IPL Reference Center | IPL Lobby

the Internet Public Library - = - http://www.ipl.org/ - = - ipl@ipl.org

Last updated Feb 26, 2002

Internet

样例

B. Webtrends 报告样例——常规统计数据

访问量图表展示了您的网站被访问的总量。常规统计数据表为您的网站在特定时间内的活动提供了一个总体概况。

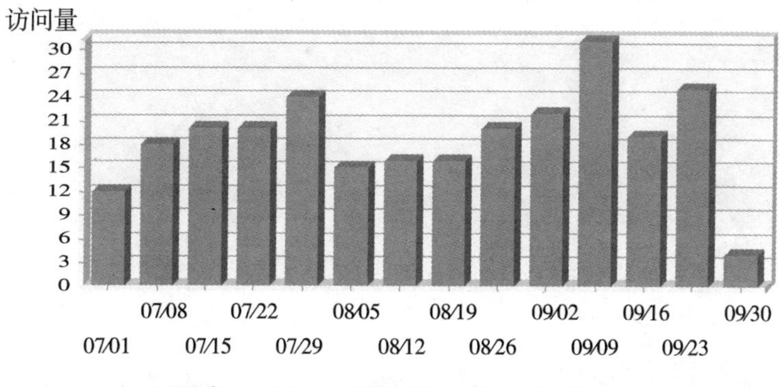

2001 年 7 月 1 日—2001 年 9 月 30 日访问量图

常规统计		
点击	全部网站(点击成功)	552
	平均每天	6
	主页	N/A
页面浏览	页面浏览	552
	平均每天	6
	文件浏览	0
访问	访问	262
	平均每天	2

	平均访问长度	00:04:04
	访问长度中值	00:00:43
	国际访问	0%
	来源不明的访问	16.79%
	来自美国的访问	83.2%
访问者	唯一访问者	160
	只访问一次的访问者	140
	访问一次以上的访问者	20

样例

C. Webtrends 报告样例——一周内每日业务统计

一周内每日业务活动统计 帮助

该表反映的是报告阶段内一周时段中每日活动情况，不包括未成功点击量。

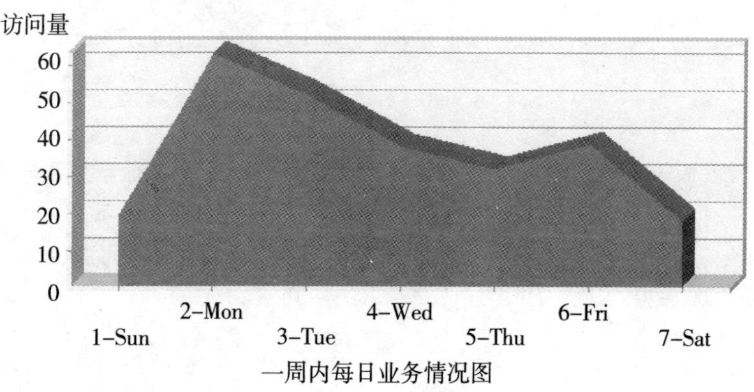

一周内每日业务情况图

一周内每日业务活动统计				
	日	点击量	占总点击量百分比	访问量
1	星期日	39	7.06%	20
2	星期一	120	21.73%	63
3	星期二	108	19.56%	52
4	星期三	105	19.02%	38
5	星期四	75	13.58%	32
6	星期五	74	13.4%	39
7	星期六	31	5.61%	18
工作日总计		482	87.31%	224
周末总计		70	12.68%	38

样例

D. Webtrends 报告样例——一日内每小时业务统计

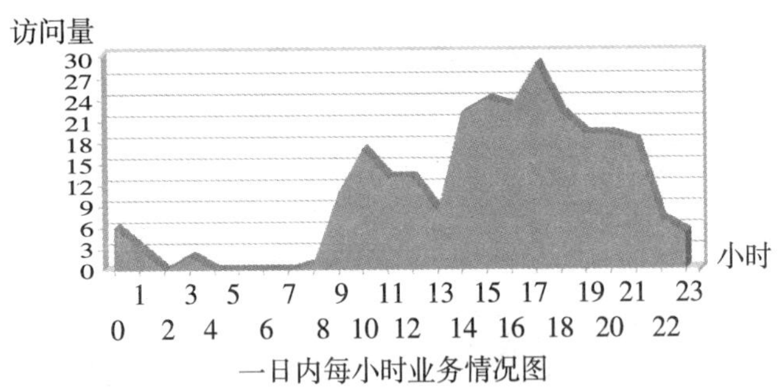

一日内每小时业务情况图

每小时活动详细情况	点击量	占总点击量百分比	访问量
00:00 – 00:59	12	2.17%	6
01:00 – 01:59	4	0.72%	3
02:00 – 02:59	0	0%	0
03:00 – 03:59	3	0.54%	2
04:00 – 04:59	0	0%	0
05:00 – 05:59	0	0%	0
06:00 – 06:59	0	0%	0
07:00 – 07:59	0	0%	0
08:00 – 08:59	5	0.9%	1
09:00 – 09:59	38	6.88%	11
10:00 – 10:59	56	10.14%	17
11:00 – 11:59	37	6.7%	13
12:00 – 12:59	20	3.62%	13
13:00 – 13:59	14	2.53%	8
14:00 – 14:59	42	7.6%	22
15:00 – 15:59	54	9.78%	24
16:00 – 16:59	46	8.33%	23
17:00 – 17:59	58	10.5%	29
18:00 – 18:59	48	8.69%	22
19:00 – 19:59	35	6.34%	19
20:00 – 20:59	29	5.25%	19
21:00 – 21:59	29	5.25%	18
22:00 – 22:59	14	2.53%	7
23:00 – 23:59	8	1.44%	5
工作时间内访问总量（8:00am – 5:00pm）	312	56.52%	132
工作时间外访问总量（5:01pm – 7:59am）	240	43.47%	130

样例

E. 24/7 参考咨询软件总结报告样例

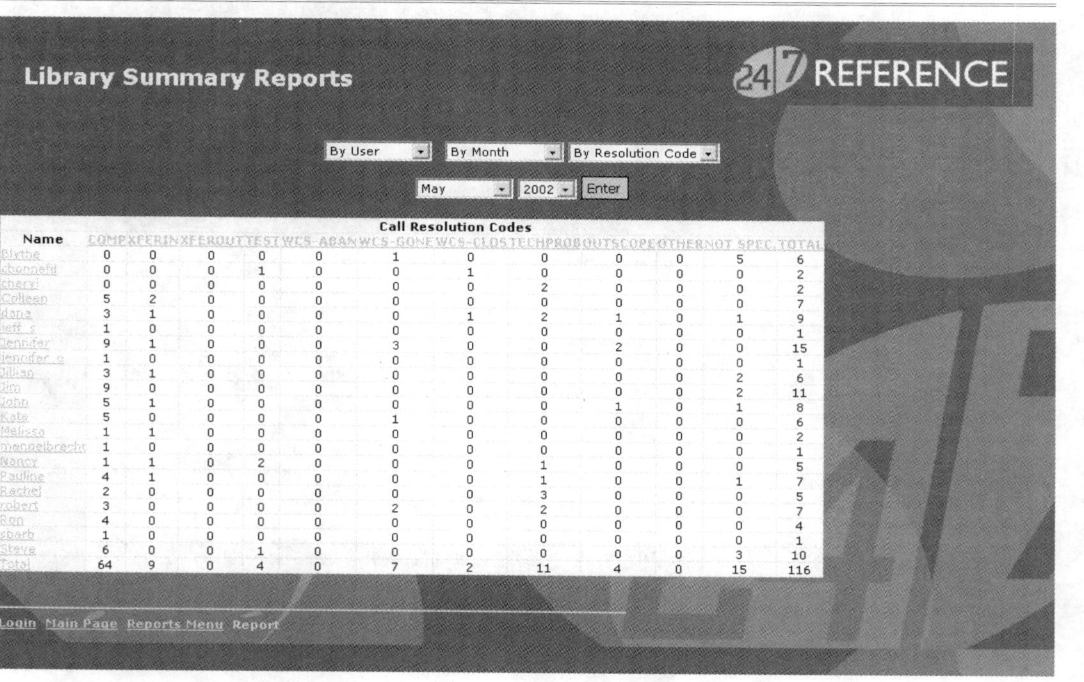

Library Summary Reports

24/7 REFERENCE

By User | By Month | By Resolution Code

May | 2002 | Enter

Call Resolution Codes

Name	COMP	XFERIN	XFEROUT	TEST	WCS-ABAN	WCS-GONE	WCS-CLOS	TECHPROB	OUTSCOPE	OTHER	NOT SPEC	TOTAL
Blythe	0	0	0	0	0	1	0	0	0	0	5	6
cbonnefil	0	0	0	1	0	0	1	0	0	0	0	2
cheryl	0	0	0	0	0	0	0	2	0	0	0	2
Colleen	5	2	0	0	0	0	0	0	0	0	0	7
dana	3	1	0	0	0	0	1	2	1	0	1	9
jeff_s	1	0	0	0	0	0	0	0	0	0	0	1
Jennifer	9	1	0	0	0	3	0	0	2	0	0	15
jennifer_c	1	0	0	0	0	0	0	0	0	0	0	1
Jillian	3	1	0	0	0	0	0	0	0	0	2	6
Jim	9	0	0	0	0	0	0	0	0	0	2	11
John	5	1	0	0	0	0	0	0	1	0	1	8
Kate	5	0	0	0	0	1	0	0	0	0	0	6
Melissa	1	1	0	0	0	0	0	0	0	0	0	2
mennelbrecht	1	0	0	0	0	0	0	0	0	0	0	1
Nancy	1	1	0	2	0	0	0	1	0	0	0	5
Pauline	4	1	0	0	0	0	0	1	0	0	1	7
Rachel	2	0	0	0	0	0	0	3	0	0	0	5
robert	3	0	0	0	0	2	0	2	0	0	0	7
Ron	4	0	0	0	0	0	0	0	0	0	0	4
sbarb	1	0	0	0	0	0	0	0	0	0	0	1
Steve	6	0	0	1	0	0	0	0	0	0	3	10
Total	64	9	0	4	0	7	2	11	4	0	15	116

Login Main Page Reports Menu Report

样例

F. LSS 虚拟参考咨询用户满意纪录和报告样例

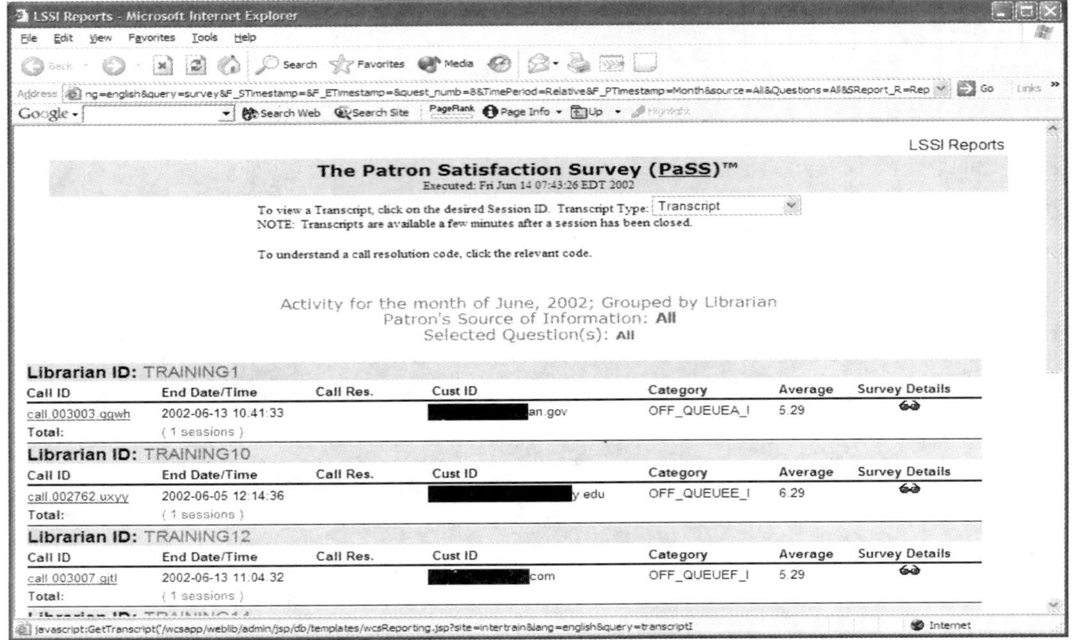

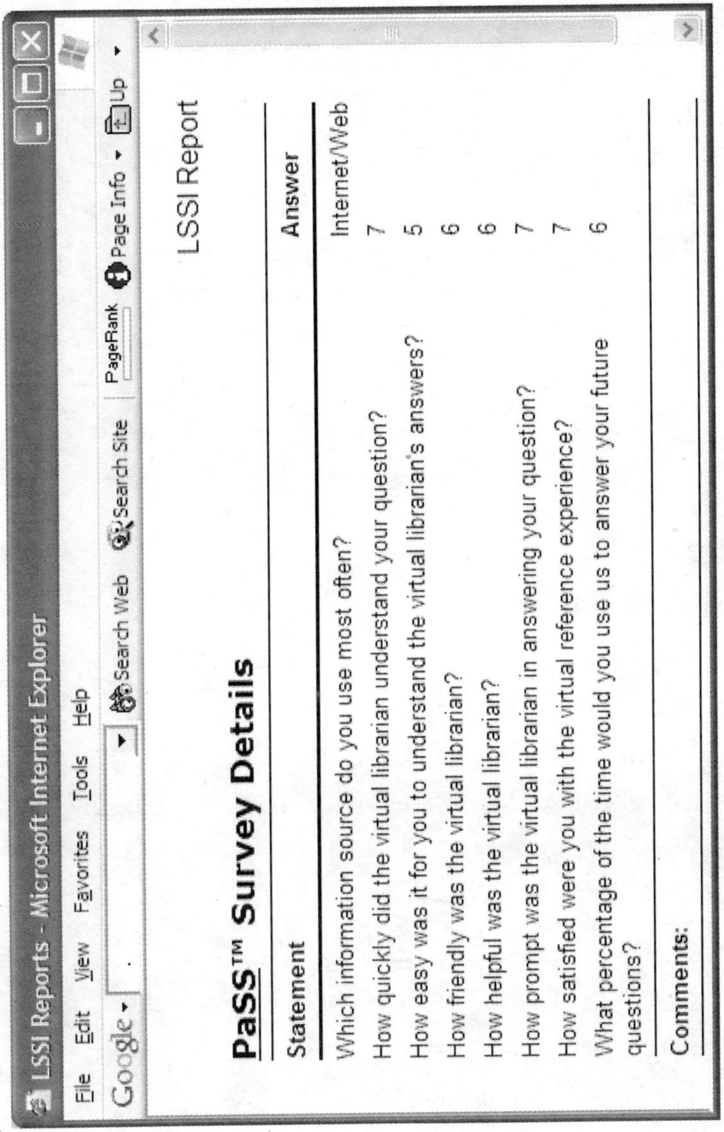

LSSI Reports - Microsoft Internet Explorer

File Edit View Favorites Tools Help

Google Search Web Search Site PageRank Page Info Up

LSSI Report

PaSS™ Survey Details

Statement	Answer
Which information source do you use most often?	Internet/Web
How quickly did the virtual librarian understand your question?	7
How easy was it for you to understand the virtual librarian's answers?	5
How friendly was the virtual librarian?	6
How helpful was the virtual librarian?	6
How prompt was the virtual librarian in answering your question?	7
How satisfied were you with the virtual reference experience?	7
What percentage of the time would you use us to answer your future questions?	6

Comments:

样例

G. LSSI 数字参考咨询聊天记录样例

TAMSIN Bolton 数字参考咨询记录采自最佳数字参考咨询记录(2002 年 5 月 15 日),LSSI 的萨缪·格林奖获得者 Winnipeg 大学图书馆。为保护用户隐私,所有个人信息已经隐去。

提交号:00004

姓名:

图书馆:

职位:

电话号码:

用户等待时间:没有等待

请求者号码:1

记录:一般聊天信息

聊天开始时间:2002 年 4 月 15 日 11:36:39

聊天结束时间:2002 年 4 月 15 日 12:27:36

实际聊天时间 00:50:43

聊天记录

信息:请等待网站管理员响应

信息:您正在与 TAMSIN 聊天

TAMSIN:您好,我能为您做什么?

访问者:TAMSIN,您好!我是×××。我正在与×××聊天,了解有关××××(数据库的名字)的情况。她帮我查到了一些文章,但我不知道怎样才能看到这些文章的内容。

TAMSIN:好的。请问她已经将文章通过电子邮件发给您了,还是您自己想从××××(数据库的名字)中直接下载?

访问者:她通过电子邮件发给我了,我在家正试着打开这些文章。可当我点击"全文影像"时不能打开,难道我不能浏览和打印这些文章吗?

访问者:可能是我没有合适的软件,可能是这种情况吗?

TAMSIN:您一定能浏览这些文章的。您点击了标有"全文影像"的链接吗?

访问者:当我从当前的位置试着下载文章时,它说路径不对,是的,我试着点击全文影像(full text image),现在我该怎么办呢?

TAMSIN:全文影像要求您在您的机器上安装 Acrobat Reader 软件。如果您不能阅读文件,可能是您没有这个软件——如果您想安装这个软件是很容易的。

访问者:我不知道是否能行,这个软件需要很大的硬盘空间吗?我对技术方面不熟悉,我甚至不知道怎样检查硬盘空间有多大。

TAMSIN:嗯,不需要太大的空间。但是下载它需要点时间。您连接互联网速度快吗?

访问者:我使用的是 1995 年产的康柏 586,我是通过免费因特网服务连接到 Winnipeg 大学的。

访问者:时间不是问题,我就是不知道是否能行。

TAMSIN:噢,可能需要花费点时间。如果您不在意,那么可以试着下载,但是和您一样,我不能确定这个程序在您的计算机上能不能运行。

TAMSIN:您看到的全文链接只有“全文影像”吗?

访问者:等等,我在找。

TAMSIN:因为××××(数据库的名字)有时会提供不同格式的全文。

TAMSIN:“全文影像”是唯一要求安装单独阅览软件的格式。

访问者:有些文章可以有不同的格式选项。一些文章的全文分别有全文影像、全文文本和全文 XML 三种格式可供选择,另外一些只有其中两个选项,还有一些是几种格式混在一起提供的。

访问者:我应该选择哪一项?

TAMSIN:如果您点击“全文文本”,您应该不需要任何单独的软件就可以在计算机屏幕上看见全文内容。

访问者:我试试看,您能等等吗?

TAMSIN:没问题,我可以等着您。

访问者:出现了一个页面,它要求我细化检索结果目录,到这步我不知道该怎么选了。

访问者:有一个“到引文”的选择,这个是我要点击的吗?

TAMSIN:您现在在看检索结果的列表吗?

访问者:不,我已经点击了结果列表中的一条,出现了这条结果的页面。稍等,我点击一下引文试试,我马上就回来。

访问者:我点击引文时,什么也没发生。

TAMSIN:好的,您能告诉我您正在看的文章的标题吗?

访问者:没有什么特别的,只是一篇有“全文文本”选项的文章,我想看一下它的内容讲些什么……

TAMSIN:好的,在我的机器上,当我点击“全文文本”时,我看到这篇文章显示在我的屏幕上,“到引文”的链接是在屏幕的右上角。但是您没有看到全文,是么?

访问者:是的。

TAMSIN:嗯,这个问题好解决。

访问者:我仍然没看见文章。

访问者:就像我对×××说的那样。

TAMSIN:我们再试试其他的文章。随便从您的检索列表中选取一篇标有全文文本的文章,现在我们看看是否会有问题。

访问者:一篇由 Michael Ignatieffk 撰写的、刊登在《外交事务》2001年 11/12 月上的题为“对人权的侵犯”文章。

TAMSIN:好的,我查一下。

访问者:这个词读 Ignatieff,没有“k”。

TAMSIN:好的,我看到了。如果您点击文章的标题并且滚动屏幕,您还是看不到文章,是吗?

访问者:是的

TAMSIN:呀,我刚才说的话可能是想得有些简单了。您应该能在屏幕上看到全文了。可我真的不能确定为什么您看不到。

TAMSIN:我明白您想自己弄清楚检索过程,但是我仍很愿意用电子邮件发给您需要的文章。

TAMSIN:同时我会努力弄清楚为什么您不能看全文。

访问者:您真是可敬。我想这个学期过后我会花些时间把整个数字图书馆的事情搞清楚的。您有电子邮件吗?我会把我需要的文章清单发给您。我需要花些时间去挑选文章……总共12篇。还有,是否我要下载acrobat,我怎样做?

TAMSIN:好的。您可以发邮件到t. bolton@uwinnipeg. ca,我会收到。我现在把怎样获得Acrobat Reader的页面发给您。

访问者:您怎么发?

TAMSIN:1秒钟。它会像变魔术一样出现在您的屏幕上。

访问者:您太有趣了!

TAMSIN:http://www. adobe. com/products/acrobat/readstep2. html

TAMSIN:嘀-嗒

TAMSIN:您看到下载说明了吗?

访问者:您太神了,难以置信。谢谢!谢谢您的电子邮件,我以后还会和您聊的。占用了您这么多时间,我真的不知该怎样感谢您才好。您真是实在太可敬了,您像我的大女儿,她总是能让我激动。

TAMSIN:好的,×××与我在一起,她要与您测试一下,您有时间吗?

访问者:我有的是时间。

TAMSIN:《对人权的侵犯》

TAMSIN:当您点击这篇文章的标题时您看到全文了吗?

访问者:我算是被××××(数据库名)给缠上了,当我点击时,我看到的唯一的内容是回到页面顶部,什么也干不了,我是否要返回?我陷入噩梦了,不是吗?

访问者:是我弄错了,我点击您的链接。

TAMSIN:好的

访问者:我现在在××××(数据库名)登录页面上,它要我的ID和密码。

访问者:现在怎么办?

TAMSIN:好的。我们的测试到此为止。接下来我们做点别的。您把您需要的文章email给我,我把全文发给您,行吗?

访问者:好的,看来我对Acrobat真的不灵,我会发电子邮件给您,使您知道我的问题出在哪儿。再见。

TAMSIN:好的,祝您好运!再见。

样例

H. 数字参考咨询业务记录样例

注意:

可以参考该样表制定出最适用于贵馆(机构)服务的表单,而并不一定要完全复制和使用这个表单。样表中的某些特定内容和问题,在一些情况下适用,在另外一些情况则不尽然。我们并不期望您会使用该表中的所有要素。该表单内容丰富,您可以考虑什么问题对您创建自己的表单有用。您制定的表单可以是打印的形式,或是做成数据库或空白表格。

数字参考咨询业务记录

提示:对每个接收的数字参考咨询问题都要完整地填写一个表单

用户发送问题的日期________　　发送问题时间________

接收日期________________　　接收时间______________

完成日期________________　　完成时间______________

时间总计________________　　咨询馆员______________

通过什么方式接收问题(选择适当内容):

电子邮件____聊天____网页表单____网络电话____视频互动____

实时消息____

用户信息

用户姓名____

用户联系信息/电子邮件地址

____

用户统计信息(填入您合适的现状信息):
这位用户是重复使用者吗?是　　否
重复使用的原因______________________________

用户问题信息

用户参考咨询问题__________________________________
有关咨询问题的其他信息:

____

____

____

咨询问题类型(即时,辅导,专题等):
需要信息日期____________________紧急?_________
传输方式?_____________________________________
关于回答或响应格式,用户是否有要求?是　　否
如果有,请特别指出(如 doc,pdf,xls,等):_____________
只需要期刊的文章?是　否　只要全文?　是　　否
是否需要引文/文摘?　是　否　是否需要网上信息?是　　否
以电子邮件附件发送可以吗?　是　　否

用户关于网站或其他资源类型(即同行观察、特殊领域、政府信息、基础资料)有任何特殊要求或限定吗?　是　　否
特殊要求____
用户浏览器______________________用户平台_________

用户是否尝试使用过其他资源？____________________________

____

咨询馆员响应或解答

您能解答用户的问题吗？　是　　　否

介绍一下提供给用户的该问题答案的一些特性：

____

回答这个问题您使用了什么资源？（列出清单，检查所有应用的资源）

____

____

免费______自建______专项购买______传统的______其他______

这个问题您转交过吗？是　　如果回答肯定，内部？______

外部？______

您把该用户转交到何处？__________________________

转交咨询的原因__________________________________

您能解答这个问题吗？　　是　　　否

如果答复肯定，为什么转交？___________________

数字式响应数量时间或计数____有非数字式响应吗？　是　　否

注意：如果作了非数字式响应，不要将这个问题概括为数字参考咨询问题。

样例

数字参考咨询数据收集工作单

I. 数字参考咨询业务日志——电子邮件

该咨询日志主要是供那些同时开展传统参考咨询服务和数字参考咨询服务的图书馆使用。这些图书馆的数字参考咨询主要是电子邮件式的。将该日志与数字参考咨询记录相结合,就能保留所有数字参考咨询业务的记录。

咨询馆员姓名________________

问题	用户	电子邮件初始发送时间	电子邮件初始接受时间	数字参考咨询完成时间	时间总计	类型
玻利维亚最新人口统计	Amgad E.	2002年5月7日上午10:05时	2002年5月7日上午10:12时	2002年5月7日上午10:31时	26分	即时
短片小说《午夜快车》作者	Sebastian S.	2002年5月7日上午10:09	2002年5月7日上午10:32	2002年5月7日上午10:41	31分	书目
总计:2					57分	

样例

数字参考咨询数据收集工作单

J. 数字参考咨询业务日志——实时咨询

问题	用户	初始登录时间	初始接受咨询时间	最后完成时间	时间总计	类型
灯塔怎样工作	Anna Maria L.	2002 年 9 月 12 日下午 1:02时	2002 年 9 月 12 日下午 1:03时	2002 年 9 月 12 日下午 1:15时	13 分	即时咨询
竞争模式	Frank D.	2002 年 9 月 16 日下午 2:16时	2002 年 9 月 16 日下午 2:16时	2002 年 9 月 16 日下午 3:14时	58 分	研究
总计					71 分	

样例

数字参考咨询数据收集工作单

K. 全部参考咨询活动日志—以每日或两周为周期

全部参考咨询活动日志——每日

日期＿＿＿＿＿＿＿＿咨询馆员＿＿＿＿＿＿＿＿＿＿＿＿

业务	在下边空白处对每一个业务做出标记	总计
数字的	~~////~~ ////	
混合的*	~~////~~ //	
传统的	~~////~~	

* 注意:混合式参考咨询是指以数字方式提交,却以非数字方式响应和解答的咨询。

全部参考咨询活动日志——每两周

日期	数字的	混合的*	传统的	总计
总计				

* 注意:混合式参考咨询是指以数字方式提交,却以非数字方式响应和解答的咨询。

样例

数字参考咨询数据收集工作单

L. 数字参考咨询完成时间统计工作单

抽样调查时段 ____________________

数字参考咨询问题总量

将所有参考咨询问题(电子邮件/实时咨询＊)相加 ________

完成时间总计

将数字参考咨询记录中的时间转换成分钟。

分析数字参考咨询日志,包括电子邮件和实时咨询。

将所有数字参考咨询的分钟数相加。 ________

平均完成时间

________________ ÷ ________________ = [　　　　]

完成时间总计(分钟)　数字参考咨询问题总量　平均完成时间

＊注意:只包括在第一章“接收数字参考咨询问题的数量”中定义的数字参考咨询问题

将所有时间单位转换成分钟

1 小时 =60 分钟

1 天 =1440 分钟

样例

数字参考咨询数据收集工作单

M. 数字参考咨询数据收集工作单——编辑

日期____________评估阶段____________填表人____________

注意:下列表格所包含的统计指标和方法,其计算结果只有一个数值,以表格方式列出。进行“接收数字参考咨询问题的类型”(第一章第十节)和“每个咨询问题所使用的资源”(第一章第十三节)两项统计会产生多个数值和结果,它们有自己的工作单。

指　标	计　算	结果
1. 接收数字参考咨询问题的数量	计算接收数字参考咨询问题的数量	
2. 响应数字参考咨询问题的数量	计算响应数字参考咨询问题的数量	
3. 回答数字参考咨询问题的数量	计算回答数字参考咨询问题的数量	
4. 数字方式接收、但不完全通过数字手段回答或响应的问题的数量	计算通过数字手段接收但并不是完全通过数字手段回答或响应的问题的数量	
5. 全部参考咨询活动——接收问题的数量	将接收到的数字参考咨询问题的数量与混合式参考咨询问题数量和传统参考咨询问题数量相加	

（续表）

指　标	计　算	结果
6. 数字参考咨询问题占全部参考咨询问题的百分比	接收数字参考咨询问题的数量除以接收的全部参考咨询问题，乘以100%	
7. 数字参考咨询正确回答率	正确回答问题的数量除以提问问题的总量，乘以100%	
8. 平均完成时间	将回答数字参考咨询问题的时间相加，除以数字参考咨询问题的总量	
9. 未解答数字参考咨询问题的数量	对评估阶段未解答数字参考咨询问题的数量计算	
11. 转交问题数量	计算转交问题的数量——包括内部转交和外部转交量	
12. 饱和率	数字参考咨询服务用户量除以目标服务对象总量，乘以100%	
14. 重复用户	计算回头用户的数量	

样例

数字参考咨询数据收集工作单

N. 接收数字参考咨询问题的类型

接收数字参考咨询问题的类型

日期__________评估时段__________填表人__________

下表中填入在评估时段内所接收的每一类型的数字参考咨询问题的数量。

接收数字参考咨询问题的类型	接收的数量
书目咨询	
指导咨询	
文献检索	
导读	
事实咨询	
研究或专题咨询	
技术咨询	
其他类型咨询	
服务范围以外的咨询	

注意:如果一个参考咨询问题适合多类,将其计为“其他”类。

样例

数字参考咨询数据收集工作单

O. 每个问题所使用的资源

日期＿＿＿＿＿＿ 评估时段＿＿＿＿＿＿ 填表人＿＿＿＿＿＿

如同在本手册中已概括的,如果您要对每个问题所使用的资源分类,就用此表。

回答数字参考咨询问题所使用资源的类型	使用资源的次数
免费资源(电子的)	
本馆自建资源(电子的)*	
商业化电子资源(电子的)	
传统资源(以电子手段发送信息)	
其他类信息源	

* 本馆自建资源这里只计一次,不要在“免费资源”项中重复再计。

如果您记录了每一个咨询问题所使用的特定资源,就将详尽信息记录在数字参考咨询表单中。下表所列为在评估阶段使用过的资源以及使用的次数。所记录的资源详尽程度取决于何种详尽程度对您最有意义。前面几行为样例。

使用资源	使用次数
例:WorldCat	
例:S&P NetAdvantage	
例:EBSCO Business Source	

样例

数字参考咨询数据收集工作单

P. 日志分析——数字参考咨询登记对话数量——实时

日期__________评估时段__________填表人__________

数字参考咨询的登录对话数量

数字参考咨询的登录对话数量——请求数量	

数字参考咨询的登录对话数量——接受数量	

注意:

不同的实时软件程序和电子日志都会对“登录对话”(sessions)这个词赋予一定的含义,或者用不同的术语来表达“登录对话”这个概念。在实时咨询中,“登录对话”的定义被界定为通过用户的软件和数字参考咨询系统服务软件联系起来的一段持续对话活动的时间。一般说来,在下列使用任何一种实时服务都会发生这样的登录对话:网上聊天、即时信息服务、交互式视频或网络电话。登录对话过程并不一定就是解答数字参考咨询问题所用的全部时间。

在某些情况下,同时了解请求登录对话数量(即用户登录服务并请求对话)和接受登录对话数量(即数字参考咨询馆员接受咨询请求)可能会非常有帮助。

要想得到更多的关于解答问题所用时间方面的信息,对咨询请求被接受所花费的平均时间进行研究是很有用的。

样例

数字参考咨询数据收集工作单

Q. 日志分析——一周内每日数字参考咨询情况/一日内每小时数字参考咨询使用情况

日期＿＿＿＿＿＿评估时段＿＿＿＿＿＿填表人＿＿＿＿＿＿

一周内每日数字参考咨询情况统计

日/周	使用情况
星期日	
周一	
周二	
周三	
周四	
周五	
周六	

注意:表中数据可以绘制成曲线图,或用电子数据表(spreadsheet)程序以图表的形式显示出来。

一日内每小时数字参考咨询使用情况统计

上午(时)	使用情况	下午	使用情况
午夜 －12:59		中午 － 12:59	
1:00 － 1:59		1:00 － 1:59	
2:00 － 2:59		2:00 － 2:59	
3:00 － 3:59		3:00 － 3:59	
4:00 － 4:59		4:00 － 4:59	
5:00 － 5:59		5:00 － 5:59	

（续表）

上午(时)	使用情况	下午	使用情况
6:00 - 6:59		6:00 - 6:59	
7:00 - 7:59		7:00 - 7:59	
8:00 - 8:59		8:00 - 8:59	
9:00 - 9:59		9:00 - 9:59	
10:00 - 10:59		10:00 - 10:59	
11:00 - 11:59		11:00 - 11:59	

注意:表中数据可以绘制成曲线图,或用电子数据表(spreadsheet)程序以图表的形式显示出来。

样例

数字参考咨询数据收集工作单

R. 日志分析——用户使用的浏览器/用户使用的平台

日期__________ 评估时段__________ 填表人__________

用户使用的浏览器

根据需要，可以对浏览器版本或类型进行评估

浏览器	使用版本	使用浏览器
Internet Explorer		
版本：		
版本：		
版本：		
Netscape Navigator		
版本：		
版本：		
版本：		
AOL		
版本：		
版本：		
版本：		
其他：（请注明）		

用户使用的平台

用户平台	使用情况
Windows XP	
Windows 2000	
Windows Millennium	
Windows 98	
Windows 95	
Windows NT	
Macintosh OS	
Linux	
其他：	

样例

数字参考咨询数据收集工作单

S. 用户满意评价——服务预期问卷调查样例

服务预期——在数字参考咨询服务前使用本问卷

抽样调查问卷在数字参考咨询开始的时候由用户填写，或是将其作为重点人群调研的一部分，或是作为面谈的一部分。这个问卷可以作为参考咨询接谈过程的组成部分，由咨询馆员以电子邮件表格形式发送，或是与数字参考咨询网页提交表单一并使用。

请回答下列问题，让我们了解您对服务的期望是什么？帮助我们改进数字参考咨询服务。

1. 今天您有什么样的问题？
2. 您愿意用什么样的格式得到解答？
   您只需要全文吗？是____否____
   您接受引文或文摘吗？是____否____
   您愿意我们用电子邮件附件的形式发送答案吗？是__ 否__
   你希望以什么样的格式得到答案？
   MS Word？ ____pdf？ ____其他？ ____我不能确定________
3. 您希望我们在多长时间内回答您的问题？ ________
   您需要在指定的日期或时间内得到解答吗？是____否____
   如果需要，什么时候？ ________
4. 对于要从我们这获得的解答，您还有什么样的期望？

样例

数字参考咨询数据收集工作单

T. 用户满意度评价——调查报告/问卷问题样例

下列问题可能在我们实施调查、面谈、重点人群调研和问卷调查以确定用户满意度时可以用到：

服务的公知度

您是怎么知道我们服务的？

可能通过的方式：　网站

图书馆告示

口口相传

期刊广告

其他用户推荐

广告传单

邮件

文章

电视或广播节目

服务的无障碍性

我们的服务容易获得吗？

我们的网站便于浏览么？

在提交咨询问题过程中您遇到过什么技术问题吗？

您有特殊的视力或听力方面的需求吗？

您用什么样的浏览器和操作系统?

对您而言,使用我们的服务的最合适的时间是什么时候?

您在使用服务时,有没有出现过不得不长时间等候的情况?

您提交问题后多长时间能得到咨询馆员回复?

用户已尝试过的其他资源

为了找到问题的答案,您还使用了其他的什么资源?

除了我们以外,您使用过其他数字参考咨询服务吗?

请描述一下您尝试使用过其他资源的经验或者您使用其他参考咨询服务的情况。

使用的原因

您为什么尝试使用我们的服务?

以前您使用过我们的服务吗?

如果用过,为什么再次使用?

可能的原因:

服务非常好!

因为我远离图书馆,这是我唯一的选择。

可以简化我的工作。

借助服务我可以使用到自己买不起的资源。

个性化服务。

免费复制。

你喜欢这项服务中的哪些内容呢?请解释一下。

不使用的原因

您知道我们的服务吗？（参见“服务公知度”部分）

如果您知道我们的服务，是什么原因使您没有使用它？

可能的原因：

我没有信息需求。

我不能使用电子邮件（网络、聊天、声频、视频）。

我不知道怎样使用电子邮件（网页、聊天、声频、视频）。

我认为它太没有人情味。

我对互联网和网上资源的信息不信任。

我得到的传统参考咨询服务已经很好了。

我不喜欢计算机。

我的咨询问题要比你们的服务所能提供的复杂得多。

当我需要的时候，服务不能使用。

以前您用过我们的服务吗？

如果使用过，为什么没有再用？

可能的原因：

我没有新的需求。

第一次服务很不好。

服务范围不是我所期望的。

缺少面对面的接触。

技术问题太多。

当我需要时候，服务不能使用。

有来自其他途径的更好的服务。

先前给出的解答不够全面、丰富和权威。

在以前服务的帮助下,我学会了自己怎样进行检索。

需要改进的地方/需要提供的附加服务

您认为我们该怎样改进我们的服务?

您认为我们有什么地方需要改进?

我们的服务时间对您来讲合适吗?

您感觉我们的服务范围太窄了吗?

有没有什么样的问题你希望我们能解答,但我们现在还没能做到。

您认为我们服务的回复时间怎样?

我们的服务容易使用吗?

您有没有某种特殊需求是我们现在没有注意到的?

对咨询馆员服务的满意度

您觉得我们的咨询馆员对您有帮助吗?

您觉得我们的咨询馆员具有丰富的知识吗?

您感觉我们的咨询馆员态度友善吗?

请根据服务态度和行为举止对给予您帮助的咨询馆员评分。

您觉得您得到咨询馆员的个性化服务了吗?

您感觉咨询馆员及时地响应您的问题了吗?

当您使用我们的服务遇到困难时,咨询馆员对您有帮助吗?

对传输模式的满意度

您对我们给予您答案的传送方式满意吗?

您期望有其他传送方式吗?

您希望我们增加其他传送方式吗?(参见需要改进的地方/需要提供的附加服务)

服务对用户的影响

我们的服务对您有影响吗?

请详尽描述我们的服务怎样影响了您的生活、事业、学习和创造性等。

样例

数字参考咨询数据收集工作单

U. 费用工作单

确定参考咨询服务费工作单

本工作单只为确定数字参考咨询费用所包含的各项因素而提供参考。这些因素会因提供数字参考咨询服务的类型不同而不同。对于那些把数字参考咨询服务完全与传统参考咨询服务结合在一起进行的图书馆来说,要作精确的区分是很困难的。

很多情况下,如果预算并没有达到所需的精细程度的话,就应将数字参考咨询服务的费用从全部参考咨询服务费用中分出来单独考虑。虽然做这方面的评估可能会很困难,然而做一些分析至少会比不做要好得多。

费用构成因素	每月所需费用
员工薪金和福利(如必要,按比例推算)	
培训费或学费	
通讯费(按比例推算)	
硬件费——初次购买和升级	
技术支持费用	
软件费——初次购买(如必要,按比例推算)	
软件费——升级(如必要,按比例推算)	
数据库许可费(如必要,按比例推算)	
广告支出	
事业费——取暖和用电(如必要,按比例推算)	
租用费、抵押金或租金收入(如必要按比例推算)	
纸本资源(如必要,按比例推算)	
辅助材料——手册等	

（续表）

费用构成因素	每月所需费用
虚拟主机的费用，域名费用（如必要，按比例推算）	
耗材用品	
其他：	
其他：	
总计	

样例

数字参考咨询数据收集工作单

V. 费用——电子资源比例分配工作单

图书馆的在线数字资源会被本馆的参考咨询馆员、其他图书馆的馆员、到馆读者和远程登录用户共同使用。本表格用于确定本馆的数字参考咨询馆员使用在线资源所需费用。如果使用网络日志软件,就可以确定从数字参考咨询馆员工作站发起的登录对话的次数。

在线收费资源	费用总计	用于数字参考咨询服务费用所占百分比	数字参考咨询服务费用
例:EBSCOHost	$ 74,000	7% or .07	5,180
总计			

样例

数字参考咨询数据收集工作单

W. 数字参考咨询费占全部参考咨询服务的百分比,或占图书馆全部预算百分比

数字参考咨询费占全部参考咨询服务预算的百分比

A. 数字参考咨询服务费用　　$ ________

(参见“U. 费用工作单”和“V. 费用——电子资源比例分配工作单”)

B. 参考咨询预算总费用　　$ ________

________ ÷ ________ = ________________

A. 数字参考咨询服务费　B. 参考咨询预算总费用　C. 数字参考咨询费占全部参考咨询服务预算的百分比

________ ×100% = ________%

C. 数字参考咨询费占全部参考咨询服务预算的百分比

数字参考咨询服务费用占图书馆全部预算的百分比

A. 数字参考咨询服务费用　　$ ________

(参见“U. 费用工作单”和“V. 费用——电子资源比例分配工作单”)

B. 图书馆全部预算　　$ __________

____________ ÷ _________ = ________________________

A. 数字参考咨询服务费用　B. 图书馆总体预算　C. 数字参考咨询服务费用占图书馆全部预算的百分比

____________________ ×100% = ______________%

C. 数字参考咨询服务费用占
图书馆全部预算的百分比

样例

数字参考咨询数据收集工作单

X. 参考咨询馆员花费的时间——参考咨询馆员用于技术支持上的时间所占的百分比

参考咨询馆员用于技术支持上的时间所占的百分比

日期__________评估时段__________填表人__________

表 1

参与技术支持的活动	付出时间
创建、维护和更新数字参考咨询资源	
创建、维护和更新数字参考咨询网站	
下载和装载更新软件	
判断和解决硬件问题	
判断和解决软件问题	
学习使用数字参考咨询软件，如聊天软件、电子邮件软件、音视频互动软件、数字参考咨询软件	
学习使用电子资源，如商业数据库，网上资源	
进行评价与评估	
其他	
用于技术支持的时间总计	

表 2

用于数字参考咨询服务的时间总计	

公式

$$\frac{\text{用于技术支持的时间总计（表 1）}}{\text{用于数字参考咨询服务的时间总计（表 2）}} \times 100\% = \_\_\_\_\_\_\_\_\%$$

样例

数字参考咨询数据收集工作单

Y. 参考咨询馆员花费时间——参考咨询馆员用于为用户提供技术帮助的时间所占的百分比

参考咨询馆员用于为用户提供技术帮助的时间所占的百分比

日期__________评估时段__________填表人__________

表 1

为用户提供技术帮助的活动	付出时间
教用户怎样进入或使用在线数据库	
教用户怎样下载软件，如 Adobe Acrobat Reader，或所要求的插件	
输入结果到另外的软件中，如 MS Excel，或书目软件	
教用户怎样打开、保存和下载电子邮件附件	
判断和解决用户端的软件问题	
指导用户怎样通过聊天软件、声音视频软件使用参考咨询服务	
告诉用户有关浏览器或平台的重要特点	
其他	
为用户提供技术帮助所用时间总计	

表 2

用于数字参考咨询服务的时间总计	

公式

$$\frac{\text{为用户提供技术帮助所用时间总计（表1）}}{\text{用于数字参考咨询服务的时间总计（表2）}} \times 100\% = \_\_\_\_\_\_\%$$

附录Ⅱ　其他统计指标和评价标准

课题组对本手册中包含的许多统计指标和方法进行了认真的思考。本手册对所选择的一些统计指标和方法已作详细描述(见本书第一章),主要是基于顾问委员会建议,专业文献和网络资源的讨论以及本书四位作者的经验。然而在研究过程中,还有一些统计方法和评价标准是在课题组讨论过程中形成的,它们也来源于顾问委员会的建议和以往的研究。课题组不能对这些“潜在的”统计方法和标准进行详细说明,也不能进行实地测试。于是我们将这一系列的工作都收录在本附录中。

我们将这些统计指标和评价方法收录在附录Ⅱ中是因为对这些问题的研究引发了课题组成员开始在另外一些领域的工作。同时也因为其他研究者和实践工作中的参考咨询馆员,当他们继续开发统计方法和评价标准以便对数字参考咨询进行评价时,可能会对这些问题发生兴趣。然而我们强调,在附录Ⅱ中收录的统计方法和评价指标还没有得到彻底研究和得出进行评估的标准化操作程序,也还没有通过测试。我们只是以它们为例来介绍一些未来研究将要探讨的问题。

初始数字信息接收量

定义:初始数字信息接收量(number of initial digital messages)是指数字参考咨询服务与用户刚刚开始联系时所获得的来自于用户的信息量。这些信息可以通过电子邮件、初始对话过程、数字视频或数字音频得到。所接收的每一个初始信息可以包含多个参考咨询问题。如果是这种情况,仅仅为了统计考虑,将初始联系信息计为一个接收的数字信息。为便于比较,这项指标以每周接收到的初始数字信息接收量为统计单位进行统计。

基本原理:这项指标是用于与接收数字参考咨询问题数量(第一章第一节)相比较的,以便确定所接收的信息可能包含多个数字参考咨询问题的程度。这项统计数据的收集对于设计读者与数字参考咨询建立初次联系的工具(电子邮件、网页表单等)是有用的。这个统计方法也可以作为一项控制指标,以确定每一个收到的数字参考咨询问题都得到了合适的处理。

对问题进行主题分析、分类和列表

定义:分析每个参考咨询问题并且按主题分类。全部问题依分类列表。

基本原理:对收到的参考咨询问题进行主题分析、分类并列表,对制定馆藏决策、分类及对按业务专长配置咨询馆员都是非常重要的。

登录对话时间长度——实时聊天、音视频互动对话

定义:这项指标反映的是读者在实时咨询阶段,从初始登录到全部过程完成所经过的平均时间。利用电子方式产生的网络日志和报告会有助于本方法所需数据的收集。

基本原理:实时对话和音视频互动对话的登录对话时间长度有助于参考咨询馆员的配置工作。根据实时咨询的效率和效果对咨询过程进行分析,也可用来与其他数字参考咨询服务方法相比较。登录对话时间长度也可以与下一办法(回答问题的时间)中的数据一起使用,以确定在实施服务环境里回答数字参考咨询问题所使用的时间总量。

回答问题的时间——实时聊天、音视频互动对话

定义:回答问题的时间是指解答问题所使用时间的平均总量。对于"回答问题的时间"的计算以实时登录开始的初始时间为起点,它包括直到最后响应读者的全部过程中所发生的任何时间。实时参考咨询服务解答问题的时间并不限定在一个登录过程中所发生的时间。它可能是多次实时登录,或者是实时和异步相结合所使用的时间。

基本原理:实时参考咨询环境下解答问题平均时间总量可以用来帮助进行参考咨询馆员的配置,根据实时咨询的效率和效果对咨询过程进行分析,也可用来与其他数字参考咨询服务方法相比较。

回答问题的时间长度——异步响应:电子邮件/提交网络表单

定义:这项指标是指发生在数字参考咨询馆员通过电子邮件和网页表单接收到的最初的问题与最后一次发出对读者的响应之间的时间的平均长度。介于这两个点之间所发生的所有时间都要统计在内,而且它也包括对读者解决技术问题和往返于咨询馆员和读者之间的厘清问题或解答问题所用的任何时间。

基本原理:计算出回答通过电子邮件和提交网页表单这类异步响应方式咨询问题解答的平均时间长度是非常有用的方法。当参考咨询馆员花费时间阅读读者问题并进行回答(读者没有在等待馆员的立即响应)时,即可用此方法对回答数字参考咨询问题占用的时间的平均总量给出估计。这个方法可以用来帮助确定参考咨询馆员从事参考咨询的时间总量,也可用来确定是否要把实时咨询和电子邮件咨询的回答内容限定为紧急问题(rush questions)或某类问题也可以将这个方法与其他计算对话时间长度的方法相比较,以便研究出对提供数字参考咨询服务最有效、最优先的方法,并确定是否某一特殊类型的对话方式对某种特殊类型的问题最有用。

适当的转发

定义:适当的转发是一个质量标准,它以对转发回应的分析作为评判依据。用该标准可以确定参考咨询馆员的做法是否符合转发的标准,如非会员用户、对于所提供的服务不合适的问题(例如,本单位的服务只回答事实性的咨询服务)、利用传统服务也许能提供最好的回答、缺少解答问题的合适的数字资源等等。这一问题的答案应是“适当”、“不适当”,或是“不清楚”。

基本原理:适当转发的方法是有用的。可以用来确定是否数字参考咨询馆员能对所接收的问题与服务范围相吻合作出准确判断。这个方法也能用于判断转发的问题的是否被转到了合适的地方。

通过网站提交的参考咨询问题数量与用户登录图书馆网站的数量之比

定义:这个比例(ratio of number of reference questions submitted via the website to number of user sessions on library website)是将通过网站提交的参考咨询问题的数量(RQSW,由日志分析确定的)与用户登录图书馆网站的数量(USLW)相比。可将其表达为:

$$\text{RQSW}:\text{USLW} \text{ 或者} \frac{\text{RQSW}}{\text{USLW}}。$$

基本原理:这个比例类似于在传统图书馆条件下提交参考咨询问题的数量总量与访问图书馆人数总量相比的比率。此外,这个方法可以用于评估数字参考咨询问题的页面在图书馆网站中的位置设计的合理性:把那些访问网站是为了解答其参考咨询问题的用户的数量与那些只是一般性地利用网站的读者数量相比。

链接分析

定义:链接分析是对链接到本馆数字参考咨询服务网站/页面

的其他网站进行数量统计的评价方法。

基本原理:这项指标将有助于确定通过网上服务点获取数字参考咨询服务的性质和数量,有助于制定服务广告宣传和公共关系政策,分析服务范围和潜在的特定服务对象,分析非目标服务对象提交问题的原因。此外,当在数字参考咨询网页中设计自助参考信息源(如导引服务,FAQ,资源清单)时,可以用这个方法确定特色资源的组织程度。

用户的准确感

定义:用户的准确感是指用户对收到的对其问题解答的正确性的认知感觉。这个感觉可能与回答问题实际的准确性一致,也可能不一致。

基本原理:准确(accuracy)是和正确(correctness)密切相关的一个指标。解答问题的准确性可以用来确定馆藏资源(包含电子资源和以电子方式传送给读者的传统资源)的流通情况。然而用户的准确感可能与解答的实际准确性并不是一回事。这个感觉分析能够帮助参考咨询馆员提高向用户解释其解答的准确性的技能。

用户的完全服务感

定义:用户的完全服务感是指用户对收到的回复是否完全解答了其提出的问题的评价。另外,也是用户对服务本身是否完整的评价,如服务提供者在问题解答之后有否进一步确定所解答的问题满足了用户的需求?

基本原理:咨询馆员可以利用用户的完全服务感对于用户服务进行分析和管理。也可以用于制订在全部参考咨询业务过程中有关对话程序的政策。可以利用用户的完全服务感制订相关的数字参考咨询服务政策,强调对用户的响应要易于被用户理解。这个方法也有助于在馆藏开发过程中评价下列事项:馆藏数据库除包括文摘以外,是否还包含足够多的全文文献;是否在线资源达到了读者要求的高级程度;是否参考咨询服务可以充分对基础性的资源有足够的存取权。

启动费与运行费

定义:启动费与运行费是指将开始实施数字参考咨询服务的总费用与运行数字参考咨询服务费用相比较。启动费包括设备和软件的购置费、数据库的许可费、雇用员工费用、咨询费、基础设施费、空间租用费、初期训练费、启动服务的公关活动费和通讯启动费。运行费包括设备和基础设施维护更新费、工资和加薪、数据库更新费、员工的继续教育和技能更新费用、年度通讯费、软硬件检测费、市场环境下的实践和政策变化带来的费用,等等。

基本原理:相对于运行费而言,对启动费的理解一方面在于有助于把握逐年的预算过程,另一方面也要考虑到启动费可能是随着时间的推移而分期支付的。这个方法对于还未开展数字参考咨询服务的图书馆或者刚刚开始数字参考咨询服务的图书馆特别有用。

参考文献

有关数字参考咨询方面的参考文献

Assessing Quality in Digital Reference website. http://quartz. syr. edu/quality/

Bertot, John Carlo, Charles R. McClure, and Joe Ryan. 2001. Statistics and Performance Measures for Public Library Networked Services. Chicago, London: American Library Association.

Gross, Melissa, Charles R. McClure, and , R. David Lankes. 2002. "Assessing Quality in Digital Reference Services: An Overview of the Key Literature on Digital Reference." In Implementing Digital Reference Services: Setting Standards and Making it Real edited by R. D. Lankes, C. R. McClure, M. Gross, and J. Pomerantz,. New York: Neal Shuman.

Janes, Joseph. May 2002. "Digital reference: Reference librarians' experiences and attitudes". Journal of the American Society for Information Science and Technology 53(7), 549 – 566.

Lakos, Amos. August 1999. "The missing ingredient—culture of assessment in libraries." Performance Measurement and Metrics. 1 (1), 3-7.

Lankes, R. David, Charles R. McClure, Melissa Gross, and Jeffrey Pomerantz, eds. 2002. Implementing Digital Reference Services: Setting Standards and Making it Real. New York: Neal Shuman.

McClure, Charles R and John Bertot. 2001. Evaluating networked information services: techniques, policies and issues. Information Today

Pierce, Jennifer Burch. May 2002. "Digital Discomfort? 'Get Over It,' Says McClure". American Libraries 33(5), 45.

Shin, Wonsik, Charles R. McClure, John Carlo Bertot, Arif Dagli, and Emily Leahy. 2001. Measure and Statistics for Research Library Networked Services: Procedures and Issues ARL E-Metrics Phase II Report. http://www.ii.fsu.edu/Projects/ARL/index.html

Sloan, Bernie. Digital Reference Services Bibliography. http://www.lis.uiuc.edu/~b-sloan/digiref.html

White, Marilyn. 2001. "Digital reference services: framework for analysis and evaluation." Library and Information Science Research. 23 (3):211-232.

有关社会研究、评价和统计分析的一般性参考文献

Babbie, Earl. 2001. The Practice of Social Research. 9th edition. Belmont CA: Wadsworth Publishing.

Kruegar, Richard A. and Mary Anne Casey. 2000. Focus Groups: A Practical Guide to Applied Research. Thousand Oaks, CA: Sage Publications.

Rossi, Peter, Howard E. Freeman, and Mark W. Lipsey. 1999. Evaluation: A Systematic Approach. 6th edition. Thousand Oaks, CA: Sage Publications.

著者简历

麦克卢尔(Charles R. McClure)

麦克卢尔是佛罗里达州立大学信息学院 Francis Eppes 荣誉教授,信息利用管理与政策中心主任。麦克卢尔是网络环境下美国公共图书馆统计和绩效评估项目的共同首席研究员,该项目由美国博物馆和图书馆服务学会资助,其研究成果包括评估数字参考咨询服务的统计、实施方法和质量标准以及指导方针和操作流程等内容,最终报告完成于 2002 年 5 月。本书也是在这个项目以及此前一系列研究的基础之上完成的。麦克卢尔的研究范围涉猎很广,他在信息服务的规划与评价、美国政府的新闻政策、网络化服务的评价、图书馆/信息中心的管理等领域都有著述,他先后撰写和编辑了 40 部著作,280 余篇论文和报告,并获得了诸如“信息科学年度最佳著作奖”等多个奖项。有关麦克卢尔的进一步信息可以参见 http://www.ii.fsu.edu/~cmcclure/。

兰克斯(R. David Lankes)

兰克斯是雪城大学信息学院副教授,雪城大学信息中心主任。兰克斯的主要研究领域是教育信息化和数字参考咨询服务。曾经获奖的 AskERIC 项目(1992 年)以及虚拟咨询台项目(Virtual Reference Desk Project,1999)都是由兰克斯独立或与他人共同创建的。近年来,兰克斯在虚拟参考咨询领域发表的专著主要有 Creating a Reference Future(2007),The Virtual Reference Experience:Integrating Theory into Practice(2004),The Digital Reference Research Agenda(2003)等,并先后在 OCLC、加拿大国家图书馆等多家机构从事数字参考咨询服务的工作和研究。有关兰克斯的进一步详尽信息可以访问 http://quartz.syr.edu/rdlankes/。

格罗斯(Melissa Gross)

格罗斯是佛罗里达州立大学信息利用管理与政策中心和信息学院副教授及高级研究人员。她的研究集中在理解用户信息寻求行为,以此为基础设计、评估和改善信息资源、信息规划、信息服务和信息系统。她的研究工作是以信息调研和信息利用模式为中心开展的。此外,在儿童对网络技术的使用、数字参考咨询服务评价和针对年青人的资源建设等领域,格罗斯也是一个很活跃的研究人员。

查奥特克－德夫林(Beverly Choltco－Devlin)

查奥特克－德夫林是中纽约图书馆系统的咨询专家,该系统是一个由中纽约地区 43 家公共图书馆组成的非营利性图书馆协作系统。查奥特克－德夫林最初的职务是咨询顾问,她创建了对不同类型图书馆开展数字参考咨询服务和电子服务的培训,并在各领域进行了广泛的推广实施。查奥特克－德夫林先后参与或供职于多个从事有关公共图书馆、因特网及网络信息服务的全国性调研工作的咨询委员会。她还曾在美国众议院和参议院的相关委员会召开的听证会中就上述问题进行作证，也曾就这些问题发表过全国性的讲话。

译后记

2003 年,译者在国家图书馆申请了“建构国家图书馆网上参考咨询服务模式及可行性研究”科研课题并获得批准。在课题的研究过程中,一份名为《Statistics, Measures, and Quality Standards for Assessing Digital Reference Library Services: Guidelines and Procedures》的报告进入了我们的视线。

当时国内对数字参考咨询的关注尚处于起步阶段,对数字参考咨询的研究和论述也大多集中于对服务的宏观构想、对服务概念和服务模式的初步探讨,以及对服务技术细节问题的研究等三个方面。而基于对数字参考咨询业务开展的具体实践和具体问题进行深度分析和研究的成果极少,因此这份报告的出现引起了我们的高度重视和浓厚兴趣。2004 年 9 月,国家图书馆在北京召开了“数字图书馆——促进知识的有效应用”国际研讨会,作为这份报告的作者之一,David Lankes 先生参加了会议,并与国家图书馆的参考咨询馆员进行了业务座谈。借这次机会,我们向 David Lankes 提出将这本书介绍给中国图书馆员的想法,并得到了积极的回应。经过与四位著者的沟通,我们最终得到中文版翻译的正式授权。

在本书的翻译过程中,我们不但对书中所述内容有了更为深刻的理解,也感受到了很多文字以外的内容。

首先,我们很真切地感受到,正如 David Lankes 先生在本书的中文版序言中所说的那样,本书是图书馆虚拟参考咨询工作者对数字参考咨询服务质量以及质量评估重要性给予高度重视的写照。本书内容均源于作者以及作者所在项目小组成员长期大量的调研、统计分析和思考,虽然这些都是基于美国数字参考咨询工作实务,但是仍然为我们提供了大量可资借鉴的研究成果和研究方法。也正因为本书的内容源于数字参考咨询业务的具体实践而不是源于抽象的理论分析,所以我们在把本书内容用于分析我们自己所从事的数字参考咨询业务实践时,也同时感受到它的内容具有很强的指导性和可操作性。

其次,本书作者多次声明在本书范围内讨论的数字参考咨询服务的"严格"意义,但是通读全文我们却可以很清楚地认识到,作者这种做法的目的在于把讨论限定在一个相对简单而明确的范围之内进行。在对数字参考咨询服务质量问题进行研究时,作者们并没有把自己的思路限制在如此狭小的范围之内,而是将数字参考咨询与传统参考咨询相互联系起来进行考虑,并将其分别置于图书馆的数字化服务、图书馆整体人员和服务配置,乃至本图书馆与其他图书馆相关服务的关系之内进行综合的考虑。作者从整体业务格局以及参考咨询业务与图书馆其他业务之间的相互关系的大框架下,来思考某一项具体服务措施的实施策略,这种研究方法是值得我们认真思考和学习的。

第三,数字参考咨询服务是一项因新技术的产生、发展和广泛应用而逐步发展起来的业务,它必然随着信息技术的发展而发生相应的变化。因此,本书中所述的评价方法和指标,反映的应当是数字参考咨询服务发展到一个特定阶段或一个时期内的业务状态。随着信息技术的发展,数字参考咨询业务以及图书馆的整体业务环境都会发生相应的变化,在这种条件下,数字参考咨询服务的形式和内容也必定会产生新的改变,相应的评价方法和指标体系也要进行调整和完善。因此,在阅读本书的过程中,与理解这些指标和评估方法同等重要的是理解这些方案和指标如何产生并被确定用于评价工作的。毕竟,指标和评估方法可能会过时,但是评价指标体系和评估流程的研究开发方法可能会在很长一段时期内都具有生命力。

最后,我们要向本书的四位作者表达衷心的感谢,他们以一种近乎无偿的方式提供的出版授权,使得更多的中国图书馆员用自己所熟悉的文字语言阅读和理解他们的思想成为可能。我们还要感谢在翻译和出版工作中给予我们严谨而真诚帮助的北京图书馆出版社责任编辑邓咏秋女士以及我们的同事,是他们的帮助促成了本书的翻译和出版,也使得这本书的内容和形式都逐渐得到了完善。

本书中可能还存在一些表达不够清楚或翻译不够准确的地方,倘若如此,要归因于译者在对数字参考咨询业务本质的理解以及翻译水平方面还有所不足。作为非图情专业毕业却又有幸置身于国家图书馆参考咨询业务实践的图书馆员,我们期待着在自身专业背景养育下形成的思维方式和考虑问题的角度,以及由此对本书的理解和翻译产生的内在影响,会给您带来一种全新的感受和认识,同时也期待着您的指正。

卢海燕　王磊

二〇〇七年十月十八日